Ratgeber SEK I & II

Dr. Victoria Caesar
& Liz Mölders

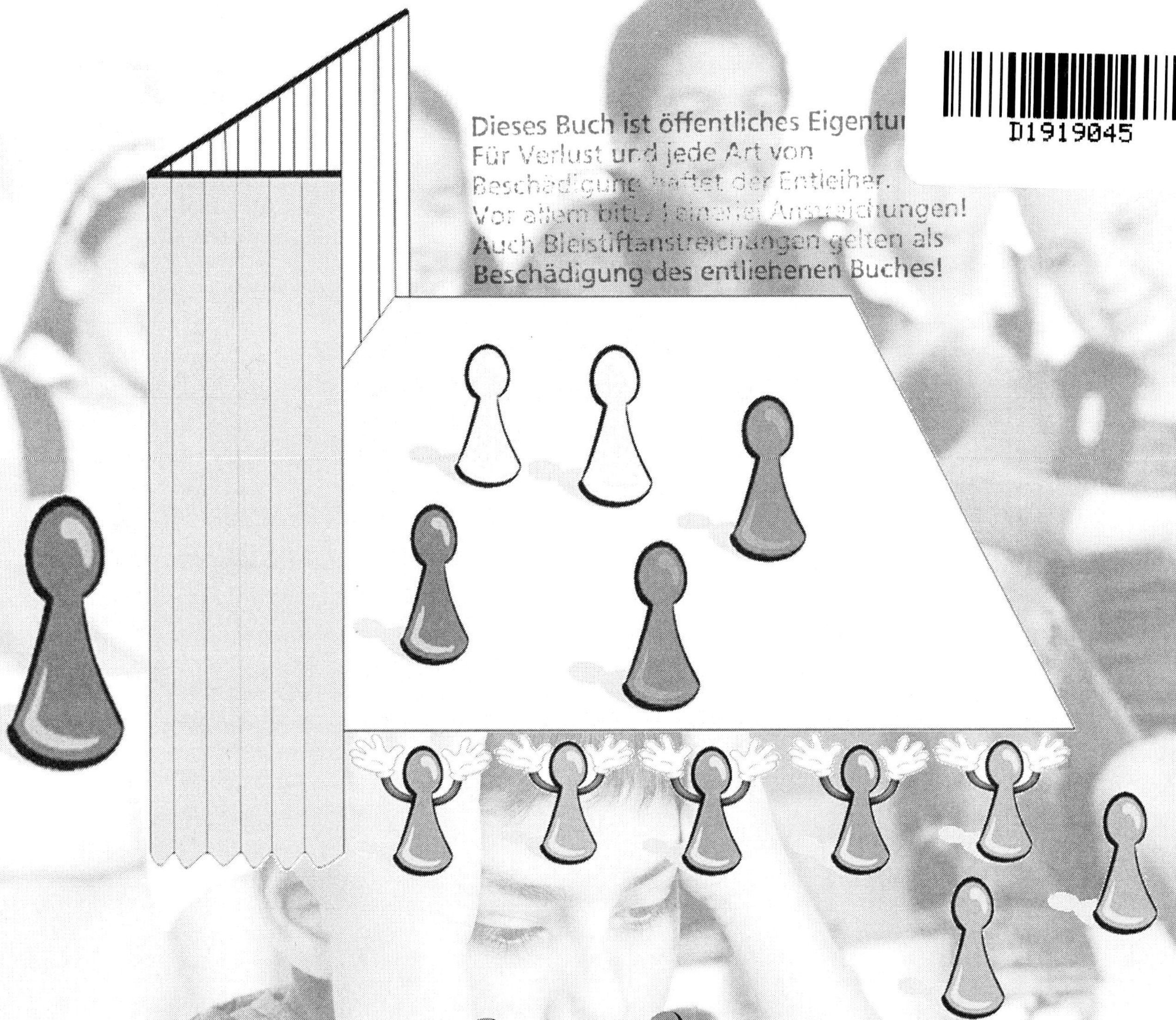

Mobbing

... die etwas andere Gewalt

No Blame Approach

Lernen mit Erfolg
KOHL VERLAG
www.kohlverlag.de

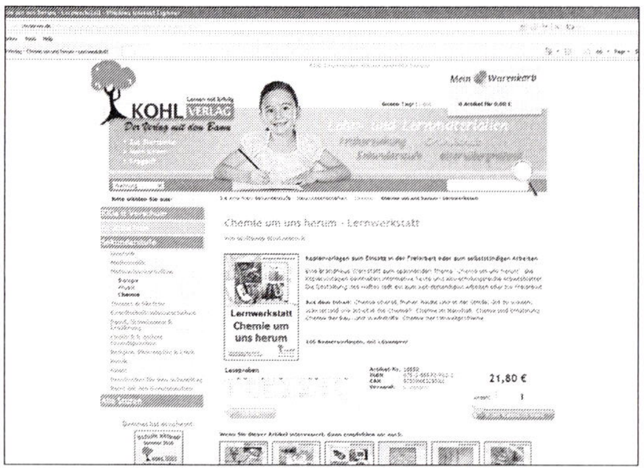

Mobbing

... die etwas andere Gewalt

1. Auflage 2016

Inhalt: Dr. Victoria Caesar & Liz Mölders
Coverbild: © Monkey Business - fotolia.com
Grafik & Satz: Kohl-Verlag
Druck: farbo prepress GmbH, Köln

Bestell-Nr. 12 038

ISBN: 978-3-96040-184-1

Bildquellen:
Seite 4: © oneinchpunch - Fotolia.com; Seite 10: © countrypixel - Fotolia.com; Seite 14: © Francoise D. Alsaker; Seite 15: © Monkey Business - Fotolia.com; Seite 18: © Dr. Victoria Caesar & Liz Mölders; Seite 22: © Dan Race - Fotolia.com; Seite 26: © Robert Kneschke - Fotolia.com; Seite 32: © matimix, Dr. Victoria Caesar & Liz Mölders; Seite 39: © Rawpixel.com - Fotolia.com; Seite 40: © Dr. Victoria Caesar & Liz Mölders; Seite 44: © Dr. Victoria Caesar & Liz Mölders; Seite 46: © Dr. Victoria Caesar & Liz Mölders; Seite 48: © Dr. Victoria Caesar & Liz Mölders; Seite 51: © JackF - Fotolia.com; Seite 59-70: © Clipart.com; Seite 65: © Luis Louro - Fotolia.com; Seite 69: © godfer - Fotolia.com; Seite 70: © Luis Louro - Fotolia.com; Seite 73: © Gino Santa Maria - Fotolia.com; Seite 78: © pressmaster - Fotolia.com; Seite 79: © drubig-photo - Fotolia.com; Seite 80-96: © Clipart.com; Seite 85: © Dr. Victoria Caesar & Liz Mölders; Seite 86: © Clipart.com; Seite 90: © Clipart.com; Seite 94: © Clipart.com; Seite 96: © Clipart.com

Inhalt

KOHL VERLAG Mobbing ... die etwas andere Gewalt - Bestell-Nr. 12 038

Inhalt

Vorwort

Liebe Kolleginnen und Kollegen,

an vielen Schulen gibt es Konzepte, die im Wesentlichen beinhalten, Schüler und Lehrer darüber aufzuklären, was Mobbing ist und ihnen den Schaden vor Augen zu halten, den Mobbing bei den Beteiligten und vor allem bei den Mobbing-Opfern anrichten kann. Diese Konzepte beinhalten meistens auch Maßnahmen, die die schulische Umgebung sicherer machen sollen, und sie sehen Strategien vor, wie bessere Kontrollen ausgeübt werden können. Ist Mobbing bereits im Gange, besteht die übliche Vorgehensweise der meisten Mobbing-Interventionsstrategien darin, die Täter zu identifizieren und zu bestrafen.

Im Bereich Mobbing-Intervention wird schon seit längerem nach „nicht-strafenden" Konzepten gesucht, die mobbenden Kindern und Jugendlichen einen „Ausweg" aus den Handlungsmechanismen bieten, in denen sie oft gefangen sind, und die auch - und das wird oft zu wenig berücksichtigt - die sogenannten „Opfer" aus der Gefahrenzone holen.

Ein solches ist das ursprünglich aus Großbritannien stammende und von George Robinson und Barbara Maines entwickelte Konzept des „No Blame Approach"[1], das auf einer anderen Grundlage basiert und eine andere Zielsetzung hat. Hier tritt anstelle von Schuldzuweisungen der Versuch der Übergabe von Verantwortung an die Beteiligten, nicht nur an die Mobber selbst, sondern an alle Gruppenmitglieder, welche fast immer Zeugen und/oder irgendwie Beteiligte des Mobbing sind. Was es damit auf sich hat und warum es funktioniert, werden wir in unserem Buch versuchen zu erläutern.

In unserem Handbuch ist meistens von Schülern und Lehrern die Rede; unsere Ausführungen lassen sich aber ebenso gut auf vergleichbare Situationen in Kindertagesstätten und anderen Jugendeinrichtungen übertragen. Zwischenzeitlich konnten Erfahrungen mit dem No Blame-Ansatz auch im Inklusions- und Integrationszusammenhang gemacht werden. Denn in beiden Bereichen geht es darum, für das Gelingen von Integration eines Neuankömmlings eine bestehende Gruppe in die Mitverantwortung zu nehmen.

Bei der Gelegenheit möchten wir noch darauf aufmerksam machen, dass wir beim Schreiben der Einfachheit halber nur die männliche Form der beteiligten Personengruppen verwenden; in dem Fall war uns Übersichtlichkeit und Lesbarkeit wichtiger als „gender correctness".

Der Name „No Blame Approach" hat sich eingebürgert, so dass wir ihn aus denselben Gründen beibehalten; wir verwenden aber zusätzlich gerne den Begriff „Unterstützergruppen-Ansatz", denn er unterstreicht die „Gemeinschaftsbezogenheit" der Methode und betont ihren kooperativen Aspekt. Außerdem ist dieser Begriff positiv besetzt, während wir „Blame", also Schuldzuweisung, für einen pädagogisch nicht so glücklichen Begriff halten.

Bevor wir näher auf das Konzept und die Wurzeln des No Blame-Ansatzes eingehen, möchten wir im theoretischen Teil zuerst die Mobbing-Problematik selbst etwas genauer untersuchen. Dies halten wir für notwendig, weil der Terminus Mobbing mittlerweile inflationär gebraucht wird und oft gar nicht klar ist, ob es sich bei den beobachteten Phänomenen überhaupt um Mobbing handelt bzw. wo der Unterschied zwischen Mobbing und alltäglichen Streitigkeiten oder Hänseleien liegt.

[1]Robinson, G. und Maines, B.: Bullying - A Complete Guide to The Support Group Method. London 2008

Vorwort

Eine klare Eingrenzung von Mobbing als einer speziellen Gewaltform und eine Beschreibung seiner Merkmale ist daher Voraussetzung für planvolles Vorgehen.

Auch auf Cyber-Mobbing und seine Gemeinsamkeiten und Unterschiede im Vergleich zum „analogen" Mobbing gehen wir ein, da es sich erheblich verbreitet hat und Schule und Elternhaus hier zumindest präventiv agieren können.

Wir erläutern, warum Lehrkräfte und Eltern in diesem System nicht unbeteiligt sind, und warum wir in unserer langjährigen Arbeit mit Mobbing-Klassen festgestellt haben, welch negativen Einfluss die gegen Einzelpersonen gerichteten Mobbing-Aktionen auf die Gemütsverfassung jedes Einzelnen in diesem System haben, vor allem auch auf die Mobber selbst. Wir haben Gruppen und Klassen, in denen Mobbing auftrat, sehr häufig als ein angeschlagenes, wenn nicht sogar krankes System wahrgenommen.

Anschließend erläutern wir, warum unserer Meinung nach bestrafende und Schuld zuweisende Maßnahmen in Mobbing-Fällen nicht greifen können und warum wir uns für diese mediationsnahe Methode des in Großbritannien und vielen anderen Ländern seit langem praktizierten und bewährten „No Blame Approach" entschieden haben, in dem Respekt, Empathie, Achtsamkeit und Verantwortungsübernahme einen hohen Stellenwert besitzen.

Dabei legen wir besonderen Wert auf die Beleuchtung der Opfer-Perspektive; denn als Lehrkraft oder Betreuer von Kindern und Jugendlichen haben wir eine Fürsorge-Pflicht, die auch beinhaltet, dass wir Schwächere schützen. Wir sind der Meinung, dass der Unterstützergruppen-Ansatz nicht nur die bessere Methode ist, Mobbing zu beenden, sondern auch die einzige, die nachhaltigen Opferschutz gewährleisten kann, wenn man von polizeilichen Maßnahmen absieht.

Da wir an unseren jeweiligen Schulen auch Schulmediatoren ausgebildet und betreut haben, wurde uns seitens dieser speziell geschulten Schüler regelmäßig auch von Mobbing-Situationen berichtet. Die Streitschlichter haben in solchen Fällen schon geahnt, dass sie hier selbst nicht tätig werden sollten und warum die Methode der Streitschlichtung, mit der sie sonst so gut arbeiten können, im Fall von Mobbing nicht in Frage kommt. Ihnen war bewusst, dass in solch „asymmetrischen" Konflikten einzig und allein die Erwachsenen mit der entsprechenden Autorität die Ansprechpartner sein müssen, obwohl mediative Elemente durchaus Teil des „No Blame-Ansatzes" sind. Da wäre vor allem die empathische und nicht wertende Haltung zu nennen, die für ein Gelingen von Mediation unerlässliche Voraussetzung ist, ebenso wie der Glaube daran, dass die Lösungen immer in den Beteiligten selbst zu finden sind. Wir zeigen in diesem Kapitel auf, welche Rolle diese Dimension gerade auch im Unterstützergruppen-Ansatz spielt.

Ähnlich wie die Mediation enthält auch der „No Blame Approach" genau umrissene Schritte, die mit großem Bedacht vorbereitet und auch konsequent eingehalten werden müssen, um zielführend zu sein.

Im praktischen Teil werden die Zielsetzungen dieser Schritte skizziert, die Erfahrungen beschrieben und eine präzise und umfassende Anleitung geliefert, wie der „No Blame Approach" in der Praxis von der Planung bis zur Durchführung eingesetzt werden kann.

Vorwort

Weitere Schwerpunkte des praktischen Teils sind

- Gespräche mit entsprechenden Gesprächsanleitungen in Form von Leitfäden, die so oder in abgewandelter Form in allen Schulformen angewandt werden können
- das Gespräch mit einer gemobbten Schülerin und das darauf folgende Unterstützergruppen-Gespräch
- Fallbeispiele
- eine Übertragung des Konzeptes oder von Teilen desselben auf die Bereiche Inklusion und Integration unter Berücksichtigung der Flüchtlingssituation
- Vorschläge zur Einbeziehung des Konzepts in der jeweiligen Einrichtung im laufenden pädagogischen Prozess.

Die Wirksamkeit der Methode hängt aber nicht nur von der jeweiligen Situation ab, sondern auch von den psychischen Möglichkeiten und Begrenzungen in den Beteiligten selbst. Ebenso – und nicht zuletzt – sind auch die Geschicklichkeit und das Einfühlungsvermögen des Gesprächsführenden von großer Bedeutung. Aber diese können geschult werden, wozu dieses Buch beiträgt.

Ein schriftlicher Ratgeber zum Konzept des No Blame-Ansatzes kann nur ein Anstoß sein; denn rein theoretisches Wissen über die Methode reicht nicht aus. Daher empfehlen wir allen, die sie einsetzen wollen, sich auch praktisch in der Methode schulen zu lassen oder sich einen Experten mit ausgewiesener schulischer Erfahrung an die jeweilige Einrichtung (Schule, Tagesstätte, Jugendzentrum etc.) zu holen, der vor Ort weiterhelfen, Trainings mit einzelnen Kollegen durchführen und/oder Supervision in der Methode anbieten kann.

Viel Erfolg beim Umsetzen dieses Konzeptes wünschen Ihnen das Team des Kohl-Verlages und

Dr. Victoria Caesar & Liz Mölders

A Theoretischer Teil

1. George Robinson

Urheber des Ansatzes "No Blame Approach"

> *„Ein Prozess, der die Mobber nicht mit einbezieht und nicht versucht, Empathie und Verständnis zu fördern, kann keine grundsätzliche Verhaltensänderung bewirken."*
> (Robinson/Maines)

Victoria und Liz kontaktierten mich letztes Jahr, um mir mitzuteilen, dass sie eine Veröffentlichung über Mobbing und den No Blame Approach planten, und sie sandten mir eine Zusammenfassung ihres Buches. Beide sind Praktikerinnen und haben über 10 Jahre Erfahrung mit der Anwendung dieses Ansatzes. So war es für mich eine große Freude, ihnen anzubieten, das Konzept zu erläutern.

Das Einzige, das mich dabei sehr traurig macht, ist, dass meine Kollegin Barbara Maines (1945 – 2011) nach langem Kampf an Krebs gestorben ist. Sie wäre nicht nur genauso erfreut wie ich über das Buch, sondern es hätte ihr vor allem deswegen gut gefallen, weil ihr Vater in Köln geboren wurde.

Barbara und ich begannen im Jahr 1984 zusammenzuarbeiten, als ich Schulleiter einer Schule für Kinder mit emotionalen und Verhaltensproblemen und sie für diese Schule als Schulpsychologin zuständig war. Wir haben beide sofort gespürt, dass unsere Philosophie und Einstellung zum Umgang mit verstörten Kindern sehr ähnlich waren.

Die Hauptprinzipien dieser Philosophie lassen sich wie folgt zusammenfassen:

- Bestrafung ist eine sehr ineffektive Art, um Verhalten zu verändern.
- Kinder, die ein positives Selbstwertgefühl haben, lernen und verhalten sich besser als Kinder mit einem negativen Selbstwertgefühl.
- Erwachsene, die mit Kindern arbeiten, sind bedeutsame Bezugspersonen und haben entweder eine positive oder eine negative Wirkkraft, je nachdem, wie sie mit dem Kind interagieren.

Wir waren - so wie auch Liz und Victoria - Praktiker, die ihre Erfolge gerne weitergeben wollten; daher boten auch wir Workshops an und schrieben anschließend Bücher über unsere Ideen. Unsere drei Hauptthemen waren:

- You Can You Know You Can. (Selbstwertgefühl)
- Bestrafung: Je milder, desto besser[1]
- Lehrersprache (Die Kraft der Kommunikation)[1]

Als im Jahr 1991 eine Kollegin aus der Sekundarschule zu uns kam und uns um Rat und Hilfe in einem besonders schweren Mobbing-Fall bat, boten wir unser gesamtes Erfahrungswissen auf und versorgten sie mit einer 7-Schritte-Anleitung. Anschließend gaben wir diesen 7 Schritten den Namen „No Blame Approach".

Wenn wir nochmal neu zu beginnen hätten, dann würden wir das Konzept „Unterstützergruppen-Methode" nennen, da dieser Begriff besser beschreibt, um was es geht. Denn diese „No Blame"-Terminologie brachte unsere Kritiker auf die Idee, wir würden Mobber mit schlechtem Benehmen ohne Konsequenzen davonkommen lassen.

Wir werden häufig gefragt, wie wir auf unsere Ideen gekommen sind. Diese Frage ist immer schwer zu beantworten, da dort so viele verschiedene Menschen, so viele positive und negative Erfahrungen sowie jede Menge Gelesenes – oft in abgewandelter Form – hinein geflossen sind, so dass es im Nachhinein nicht so einfach ist, dies alles in verschiedene

A Theoretischer Teil

1. George Robinson

Urheber des Ansatzes "No Blame Approach"

Stränge aufzuteilen. Aber einige wenige stechen hervor:

Wir trainierten bei Thomas Gordon in California und sein Buch „Teacher Effectiveness Training" (1974) war eines, das wir ständig nutzten, vor allem seine „Ich"-Botschaften und seinen Problemlösungs-Ansatz.

Im Jahr 1975 begann ich mit gewalttätigen Jugendlichen zu arbeiten und fand dafür zwei Bücher von Redl und Wineman sehr hilfreich: „Children Who Hate" (1951) und „Controls From Within" (1952) und daraus vor allem die Konzepte „Reality Rub" und „Emotional First Aid", die mir das Gerüst lieferten, innerhalb dessen ich Ideen entwickeln konnte.

Als ich Liz´ und Victorias Übersicht zum Buch las, fiel mir der Teil darin auf, in dem das Mobbing-Szenario mit einer Bühne gleichgesetzt wird, auf der ein Stück vor einem Publikum vorgeführt wird. Dieses Bild sorgt für eine stärkere visuelle Verdeutlichung, als die üblichen Bezeichnungen Mobber, Assistenten, Zuschauer und Opfer es vermögen. Ich sehe vor mir, wie der Theater-Leiter geschickt die Spieler ermutigt, ihre Darbietung zu verändern, und wie sich auf diese Weise auch die Atmosphäre im Theater und die Wahrnehmung der Zuschauer wandeln.

Leser des vorliegenden Buches werden nicht nur Hintergrundwissen zum Thema Mobbing und eine Beschreibung des No Blame Ansatzes finden, sondern auch Richtlinien und Fallbeschreibungen, die den Leser umfassend informieren und ihm hoffentlich so viel Zuversicht vermitteln, dass er sich zutrauen wird, dieses Konzept in seiner eigenen Einrichtung zu implementieren.

Ich stimme mit den Autorinnen überein, dass die Rolle des Betreuenden im Prozess von überragender Bedeutung ist. Der Betreuer muss an die Philosophie dieses Ansatzes glauben und die vorgegebenen Schritte einhalten. Und er darf nie vergessen, dass der „No Blame Approach" entwickelt wurde, um mit Mobbing-Situationen so umzugehen, dass das Opfer geschützt wird und bleibt.

In ganz Europa - und speziell in Deutschland - sehen Schulen sich mit der Problematik von Flüchtlingskindern aus Krisensituationen konfrontiert, die eine andere Kultur mitbringen und oft nur ihre Muttersprache sprechen. Die Autorinnen machen Hoffnung, dass sich die Philosophie des No Blame und Teile des Ansatzes auch in solchen und ähnlichen Situationen (zum Beispiel Inklusion) einsetzen lassen.

Um mit einem humorvollen Gedanken zu schließen, der ein wenig die große Bedeutung des No Blame-Prozess-Begleiters und Betreuers und des ihm zugrunde liegenden Wertesystems beleuchten soll:

Barbara nahm den entrüsteten Anruf eines Lehrers entgegen, der ihr sagte, der „No Blame Approach" würde nicht funktionieren. Sie bat ihn sodann, ihr sein Vorgehen genau zu beschreiben und wie er agiert habe. Dabei kam heraus, dass er zwar alle Schritte eingehalten hatte. Nur: Er hatte Schritt 6 verändert! Anstatt den Beteiligten für ihre Teilnahme zu danken und ihnen die Zuversicht auszusprechen, dass alles gut werden würde, hatte er gesagt: „Wenn das Mobbing nicht in einer Woche beendet ist, dann werdet ihr alle ernsthafte Probleme bekommen!"

Ich bin davon überzeugt, dass dieses Buch Ihnen Wissen und Unterstützung geben und Sie mit der sicheren Überzeugung versehen wird, dass Sie den „No Blame Approach" erfolgreich an Ihrer Einrichtung werden implementieren können. Der Titel eines unserer ersten Bücher soll Liz, Victoria und auch Ihnen Mut machen:

„ You Can You Know You Can."

[1]vgl. Robinson, G. und Maines, B.: Crying for Help - the No Blame Approach to Bullying. Bristol 1997

KOHL VERLAG Mobbing ... die etwas andere Gewalt - Bestell-Nr. 12 038

A Theoretischer Teil

2. Was ist Mobbing?

Herkunft und Bedeutung

- ⇨ Konrad Lorenz prägte den Begriff „mobbing".
- ⇨ „Mobbing" heißt im ursprünglichen Sinne „sich zusammenrotten".
- ⇨ unter „mobben" wird heute „tyrannisieren", „drangsalieren" und „schikanieren" verstanden.
- ⇨ im englischsprachigen Raum wird der Begriff „bullying" verwendet, meint aber das Gleiche.
- ⇨ Mobbing am Arbeitsplatz wird bereits seit den Siebzigerjahren erforscht.

Im deutschen Sprachraum wurde der Begriff „Mobbing" erstmals 1963 von dem österreichischen Zoologen und Verhaltensforscher Konrad Lorenz (1903-1989) verwendet. Er leitete ihn von dem englischen Verb „to mob" (sich zusammenrotten) ab, weil er fand, dass es keinen vergleichbaren Terminus im Deutschen für „den in Rede stehenden Vorgang" gebe.

Lorenz bezeichnete allerdings als Mobbing ein anderes Geschehen als das, was wir heute darunter verstehen, und zwar meinte er damit den Zusammenschluss von mehreren Beutetieren mit dem Zweck, den Angriff eines überlegenen Gegners durch eine Demonstration von Stärke durch Gemeinsamkeit abzuwehren: Sein plakatives Beispiel war eine Schar von Gänsen, die sich durch Zusammenrottung gegen einen Fuchs zur Wehr setzt.[2]

„Mobbing" hatte also aus Sicht seines Wortschöpfers eine Defensivfunktion und bedeutete somit genau das Gegenteil von dem, was wir heute darunter verstehen, nämlich ein Bündel aggressiver Handlungen, ausgeführt von einigen wenigen gegen ein unterlegenes Opfer.[3]

[2] vgl. Lorenz, K.: Das sogenannte Böse. Zur Naturgeschichte der Aggression. Wien 1963, S. 41 ff

[3] Der Begriff des Opfers wird in der „Mobbing-Literatur" regelmäßig verwendet. Wir verwenden daher ebenfalls die Termini Opfer und Täter, geben aber zu bedenken, dass es sich in manchen Gesprächen empfiehlt, im Beisein von Schülern den Begriff „Gemobbter" zu verwenden, da Schüler den Terminus „Opfer" häufig als Schimpfwort gebrauchen.

A Theoretischer Teil

2. Was ist Mobbing?

Herkunft und Bedeutung

Dabei ist das Ziel nämlich nicht der Schutz der „Gemeinschaft“, sondern ein – in der Regel einzelnes – unterlegenes Opfer herabzusetzen und zu schädigen. Da der Begriff „Mobbing“ sehr englisch klingt, macht es Sinn, auch einmal in einem Sprachwörterbuch nachzuschlagen, wo man das Wort „mob“ erst mal als Substantiv findet mit der deutschen Bedeutung „Horde“ oder „Schar“[4] und dann aber auch als Verb mit der Übersetzung „herfallen über“, „sich stürzen auf“, „belagern“. Abgeleitet ist „mob“ offensichtlich aus dem Lateinischen „mobilis“, zu Deutsch beweglich.[5]

Die Gerundisierung „mobbing“ mit der Bedeutung, die wir heute damit verbinden, wird im angelsächsischen Bereich in diesem Zusammenhang aber gar nicht verwendet; dort wird das entsprechende Geschehen als „bullying“ bezeichnet. Unter einem „bully“ versteht man in der angelsächsischen Terminologie einen Rüpel, einen Tyrannen oder einen Rabauken. Das Verb „bullying“ wird im englischen Wörterbuch zu Deutsch mit „tyrannisieren, drangsalieren und schikanieren“ wiedergegeben, was die üblichen Mobbing-Handlungen perfekt auf den Punkt bringt.[6] Wenn daher auch in deutschsprachigen Texten das Wort „bullying“ auftaucht, so ist das mit „Mobbing“ gleichzusetzen.

Lange bevor Mobbing in der Schule zum breiteren Thema wurde, war es in der Arbeitswelt als Gewaltform nicht nur erkannt und zum Thema gemacht, sondern erhielt zunehmend auch wirtschaftliche Brisanz, und zwar spätestens dann, als Arbeitgeber feststellten, dass Mobbing in ihren Unternehmen vermehrt zu Krankheitsständen und damit zu Produktionsausfällen und intensiven Kostenanstiegen führte.

Es war der Psychologe, Betriebswirt und Mobbing-Forscher Heinz Leymann (1932-1999), der das Mobbing-Phänomen (das es sicherlich auch schon früher gegeben hat) durch entsprechende Veröffentlichungen bekannt machte. Schon in den Siebzigerjahren begann er systematisch das Phänomen der Ausgrenzung von MitarbeiterInnen am Arbeitsplatz zu erforschen und veröffentlichte 1993 sein Werk „Mobbing - Psychoterror am Arbeitsplatz und wie man sich dagegen wehren kann“.[7]

Mobbing ist:

- ⇨ eine „feindliche und unethische Arbeitskommunikation“ (Leymann)
- ⇨ von mehreren Personen gegen eine sehr unterlegene Person gerichtet
- ⇨ Aktion, die wiederholt und über einen längeren Zeitraum andauert
- ⇨ oftmals auch heimlich und hinterhältig stattfindet
- ⇨ mit dem Ziel, diese Person zu plagen, zu quälen, zu demütigen und/oder zu schädigen.

[4] vgl. Globalwörterbuch Klett. Stuttgart 1983, S. 704
[5] vgl. Herkunftswörterbuch Duden. Mannheim-Wien-Zürich 1989, S. 463
[6] vgl. Globalwörterbuch … S. 137
[7] Leymann, H.: Mobbing. Psychoterror am Arbeitsplatz und wie man sich dagegen wehren kann. Reinbek 1993

Mobbing … die etwas andere Gewalt - Bestell-Nr. 12 038
KOHL VERLAG

A Theoretischer Teil

2. Was ist Mobbing?

Merkmale in Arbeitsleben und Schule

Leymann definiert Mobbing im Arbeitsleben als „eine feindliche und unethische Arbeitskommunikation", die „systematisch von einer oder mehreren Personen vorwiegend gegen ein Individuum gerichtet ist." Ein wichtiges Merkmal für Mobbing aus Leymanns Sicht ist, „dass eine Person in diesem Konflikt sehr unterlegen ist und dass die Aktionen oft und über einen längeren Zeitraum stattfinden."[8]

Aus seinen zahlreichen Interviews mit Betroffenen ging hervor, dass die von ihm so bezeichnete „unethische Arbeitskommunikation" wie zum Beispiel Beleidigungen, Abwertungen, Anschwärzen beim Arbeitgeber oder bei den Mitarbeitern den Tatbestand des Mobbing noch nicht ausreichend erfüllen. Erst wenn mehrere Personen daran beteiligt sind und sich immer wieder dieselbe Person vornehmen – und das über einen längeren Zeitraum und wiederholt – und wenn dann diese Einzelperson nach und nach in eine Unterlegenheitsposition gerät, ist der Tatbestand des Mobbing gegeben.

Leymanns Begriff der „feindlichen und unethischen Kommunikation" ist eine praktische Zusammenfassung all der Signale, die bei Mobbing auf der verbalen und non-verbalen Ebene ausgesendet werden können. Vom Ignorieren und Lächerlich-Machen über Abwertung und Beschimpfung bis hin zu Demütigung, Erpressung, Nötigung und Bloßstellen des Mobbing-Opfers vor anderen reicht die Palette, die auch Kindern und Jugendlichen geläufig ist und oftmals noch brutaler als bei Erwachsenen zur Anwendung kommt.

Mobbing-Angriffe finden sehr häufig in aller Heimlichkeit statt, da es gerade in Schulen und Jugendeinrichtungen viele unbeaufsichtigte Räume gibt; außerdem natürlich auf dem Schulweg, in den Transportmitteln Bus und Bahn und im nicht zu unterschätzenden virtuellen Raum, der noch weniger kontrollierbar erscheint als der „analoge". Cyber-Mobbing ist mittlerweile ein weit verbreitetes Phänomen, das sich sowohl innerhalb als auch außerhalb der Schule abspielen kann und sich weitestgehend dem Zugriff der Erwachsenen entzieht.

Die modernen Medien haben es noch einfacher gemacht, Angriffe rasch und unbemerkt vorzunehmen und gleichzeitig viele andere daran teilhaben und mitwirken zu lassen. Durch das schnelle und unbeobachtete Versenden von Fotos können Mobbing-Handlungen noch verletzender und entwürdigender ausfallen als verbale und tätliche.

Im Gegensatz zu aggressiven Ausbrüchen und Streitigkeiten unter gleich starken Personen erwecken die meisten Mobbing-Aktivitäten den Eindruck, als seien sie geplant, oft auch organisiert und dienten dem Zweck, den Gemobbten zu quälen, zu demütigen oder auch zu schädigen. Gerade beim digitalen Mobbing fällt dies auf, da hier Vorhaben zur Schädigung des Opfers oft besonders koordiniert und geplant wirken.

Besonders auf diesen Aspekt hat die Schweizer Forscherin und Psychologin Francoise Alsaker in ihrem Buch „Quälgeister und ihre Opfer – Mobbing unter Kindern – und wie man damit umgeht" hingewiesen.[9]

[8] Neuberger, O.: Mobbing. Übel mitspielen in Organisationen. München und Mering 1999, S. 20
[9] Alsaker, Francoise D.: Quälgeister und ihre Opfer. Mobbing unter Kindern – und wie man damit umgeht. Bern-Göttingen-Toronto-Seattle 2003

2. Was ist Mobbing?

Merkmale in Arbeitsleben und Schule

Alsakers Veröffentlichung ist das Ergebnis einer langjährigen Forschungsarbeit und weltweit die erste, die sich mit dem Phänomen Mobbing sowohl im Schul- als auch im Vorschulalter befasst und gleichzeitig konkrete umsetzbare Empfehlungen zur Prävention bietet.

Ein weiteres Programm ist das bekannte und weltweit eingesetzte Anti-Bullying-Programm nach Olweus.[10] Der Norweger Olweus gehört zu den Pionieren der schulischen Gewaltforschung und untersuchte Ausmaß und Entstehungsbedingungen von Aggressionen und „Bullying", wie er das Mobbing-Phänomen bereits 1996 nannte. Resultierend aus seinen Befunden entstand ein schulumfassendes Programm, das sowohl präventiven als auch interventiven Charakter hat. Es richtet sich an alle am Schulleben beteiligte Personengruppen und umfasst Maßnahmen auf Schul-, Klassen- und der persönlichen Ebene. Wer sich intensiver mit Mobbing bei Kindern und Jugendlichen befassen möchte, dem seien beide genannte Autoren und ihre Veröffentlichungen ans Herz gelegt.

Unterschied zwischen aggressivem Handeln und Mobbing

- Aggressive Handlungen eines Einzelnen gegenüber anderen Personen sind kein Mobbing.
- Erst, wenn sich Mehrere beteiligen und gegen einen Einzelnen vorgehen, wird es zum Mobbing.
- Mobbing-Opfer können sich nicht aus eigener Kraft helfen.
- Wegschauen verfestigt das Mobbing.

Zur Erarbeitung dieser Fragestellung mit Jugendlichen kann die Kopiervorlage A 4 Seite 83 eingesetzt werden.

Aggressives Handeln von einzelnen Kindern gegenüber anderen ist noch kein Mobbing. Erst nachdem dieselbe Person über einen längeren Zeitraum von den immer gleichen Angreifern gehänselt, geplagt und gedemütigt wird, kann hier von Mobbing ausgegangen werden. Ein Schaubild von Alsaker zeigt den Unterschied zwischen aggressiven Handlungen eines Einzelnen gegenüber verschiedenen Mitschülern und einer Gruppe von Schülern, die einen Einzelnen mobben.[11]

Ein einzelner aggressiver Schüler (hier Peter) kann gegenüber vielen anderen Mitschülern aggressiv sein. Diese sind aber dann keine Mobbing-Opfer. Erst, wenn – wie auf dem Schaubild – viele Schüler sich beteiligen und sich einen oder einige wenige als Opfer vornehmen, handelt es sich um Mobbing.

[10] Olweus, D.: Gewalt in der Schule. Bern 1996
[11] Alsaker, Francoise D.: Ebenda S. 17

A Theoretischer Teil

2. Was ist Mobbing?

Unterschied zwischen aggressivem Handeln und Mobbing

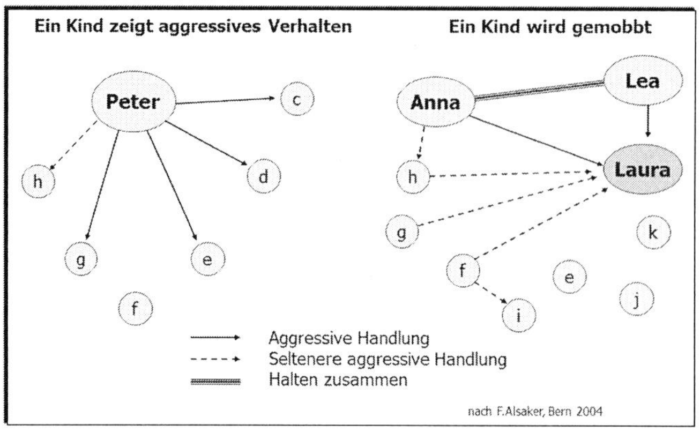

Es geht daher um eine Situation von Überlegenheit und Unterlegenheit und bei den **Mobbing-Handlungen** immer um solche, die von **mehreren über einen längeren Zeitraum gegenüber einem oder wenigen einzelnen Kindern oder Jugendlichen ausgeübt werden, mit dem eindeutigen Ziel, diese zu schikanieren oder auszugrenzen**.

Diese Asymmetrie, die vor allem in der zahlenmäßigen Ungleichheit der beteiligten Parteien liegt (viele gegen einen), verfestigt den Eindruck, dass sich das Mobbing-Opfer nicht aus eigener Kraft aus seiner misslichen Lage befreien kann. Daher sind hier unbedingt die verantwortlichen Lehrkräfte gefordert (siehe auch die rechtlichen Aspekte). Denn deren Wegschauen über längere Zeit verfestigt das Mobbing und kann sich zu einer schwer beherrschbaren Problematik auswachsen.

Beteiligte Personen

- Es gibt kein typisches Opfer-Profil.
- Es gibt kein typisches Täter-Profil.
- Mobbing geschieht aus unterschiedlichen Motiven heraus.
- Sowohl Täter als auch Opfer sind sozial gefährdet.
- Es gibt Täter, Mittäter (Assistenten).
- Die „schweigende Mehrheit“ ist eine unerlässliche Komponente im Mobbing-Geschehen.
- Diese hilft mit, dem Mobbing durch Duldung eine falsche Legitimation zu verschaffen.

Da wir es bei Mobbing nicht mit einem Konflikt unter Gleichen zu tun haben, sondern mit einem, bei dem Macht und Ohnmacht, Überlegenheit und Unterlegenheit die wichtigsten Kategorien sind, und auch weil sich die Begriffe in der Literatur eingebürgert haben, benutzen wir häufig die Bezeichnungen „Opfer“ und „Täter“, obwohl wir darauf hinweisen möchten, dass es heikel ist, den Begriff „Opfer“ in Gegenwart von Schülern zu nennen.

A Theoretischer Teil

2. Was ist Mobbing?

Beteiligte Personen

„Du Opfer" ist mittlerweile ein von Schülern häufig gebrauchtes Schimpfwort, das den so Bezeichneten als schwach, verachtenswürdig und wertlos hinstellen möchte. Wir verwenden „Opfer" und „Täter" als Arbeitsbegriffe im Wechsel mit „Gemobbter" und „Mobber". Die anderen Beteiligten bezeichnen wir als Mittäter oder Assistenten. Die „geneigten" und „abgeneigten" Zuschauer sind eine weitere wichtige Personengruppe.

Gibt es ein typisches Mobbing-"Täter-Profil"? Eigentlich nicht, ebenso wenig wie es ein typisches Mobbing-"Opfer-Profil" gibt. Kinder und Jugendliche, die in einer Gruppe oder Klasse die Rolle der Mobber übernommen haben, haben die unterschiedlichsten Motive für ihr Handeln. Alsaker zitiert in ihrem Buch Forschungsergebnisse verschiedener Autoren[12], denen zufolge mobbende Schüler, aber auch manche Opfer, aus problematischen Familien kommen; nachgewiesen ist dies allerdings bisher nicht. Wir haben die Erfahrung gemacht, dass es sich oftmals um Jugendliche handelt, die bereits selbst einmal Mobbing-Opfer waren.

Gelegentlich sind es Kinder und Jugendliche, die mit ihren Aktivitäten über eigene Defizite oder Probleme – seien sie schulischer oder häuslicher Art – hinwegtäuschen möchten. Manchmal sind es aber auch solche, die sich langweilen oder die einfach gerne im Mittelpunkt stehen und dies auf konstruktivem Weg nicht schaffen. Es lässt sich aber mit ziemlicher Gewissheit feststellen, dass es eher nicht die Schüchternen oder Ängstlichen sind, die beim Mobbing die Hauptrollen übernehmen, aber es sind auch nicht unbedingt immer die „Alphatiere" der Gruppe. In seltenen Fällen gibt es zwei oder mehrere Täter, die gleichwertig in der Rangordnung stehen und sich miteinander als Mobber verbündet haben.

Wichtig ist es uns anzumerken, dass nicht nur die Opfer des Mobbing, sondern auch diese aggressiv handelnden Kinder und Jugendlichen einer starken sozialen Gefährdung ausgesetzt sind. Selbst, wenn sie als diejenigen erscheinen, die die Oberhand haben, so sind sie doch auf einem Weg, der ihnen ein gleichwertiges Miteinander mit ihren Mitschülern verbaut. Ohne ihre Assistenten wären sie sozial isoliert; denn in die „Bewunderung" der anderen mischt sich immer auch Angst, so dass wahre Freundschaften eigentlich nicht entstehen können.

Hat ein Einzelmobber Mittäter oder Assistenten, dann sind es in der Regel solche Schüler, die ohne die Führerschaft eines Hauptmobbers selbst nicht aktiv würden. Sie trauen sich nur unter dem vermeintlichen Schutz durch den Haupttäter aus der Deckung. Letzterer sonnt sich in der Bewunderung durch seine Assistenten, gibt ihnen Anweisungen, dirigiert und manipuliert sie. Die „schweigende Mehrheit" ist die dritte notwendige Komponente im Mobbing-Geschehen. Ohne die stumme Duldung des Geschehens durch die Gesamtgruppe wäre Mobbing wenig reizvoll, sowohl für die Täter als auch für ihre Assistenten.

[12]Alsaker, Francoise D.: Ebenda S. 33

A Theoretischer Teil

2. Was ist Mobbing?

Der psycho-soziale Aspekt

- Mobbing ist ein systemisches Phänomen.
- Mobbing-Täter benötigen die stille oder offene Zustimmung anderer.
- Diese Zustimmung wirkt wie ein Verstärker.
- Sie hat aber auch eine fatale Wirkung auf das Opfer: Leistungsabfall, Selbstzweifel, Ohnmachtsgefühle, Krankheiten, PTBS*, Suizidgefahr.
- Sie signalisiert Rechtmäßigkeit und verstärkt so die Selbstzweifel des Opfers.
- Die Folgen für Mobbing-Opfer können gravierend sein.

Um das gesamte System „Mobbing" zu verstehen, halten wir es für notwendig, sich mit seinen psycho-sozialen Zusammenhängen und Wirkmechanismen zu befassen.

Wie erwähnt, finden sich häufig sehr bereitwillige Assistenten, die dem Haupt-Täter zur Hand gehen oder ihn durch stillen oder offenen Beifall in seinem Tun bestärken. Auch die restlichen Schüler in einer Klasse oder Gruppe üben – ohne sich dessen bewusst zu sein - eine verstärkende Rolle aus. Mobbing in der Schule würde ohne die Mitwirkung vieler gar nicht funktionieren. Es handelt sich also um ein **systemisches** Phänomen.

Da Mobbing-Täter also niemals ohne die stille oder offene Zustimmung anderer Gruppenmitglieder agieren könnten, hat nicht stattfindender Widerspruch für die Mobber nicht nur duldende, sondern darüber hinaus sogar antreibende Wirkung. Könnten anfänglich bei Mobbing-Handlungen wie ärgern, ausgrenzen, lächerlich machen u. ä. noch Zweifel im Spiel sein, ob das so in Ordnung ist, so wird dies mit der Zeit zu einer Selbstverständlichkeit, da diese Handlungen nicht nur ohne nennenswerte Gegenwehr des Opfers, sondern offenbar sogar mit Zustimmung der restlichen Beteiligten stattfinden.

Der fehlende Widerspruch bzw. das bloße Geschehen-Lassen signalisiert also dem oder den Tätern eine – vermeintliche – **Rechtmäßigkeit** ihrer Handlungen. Für den oder die Haupt-Mobber bedeutet die Unterstützung von anderen mit-mobbenden Schülern (Assistenten) demnach eine Bestärkung des eigenen Tuns und gibt ihnen Macht. Es findet hier gewissermaßen eine **Werte-Verschiebung** statt, die zur Norm wird, je länger die Situation andauert.

Diese Signale haben leider auch eine fatale Wirkung auf das Mobbing-Opfer. Es sieht sich infolge der Passivität der anderen nicht nur der Willkür und Übermacht von aggressiven Schülern ausgesetzt, sondern es erhält auch zusätzlich die Botschaft, dass deren Treiben offenbar rechtens sein muss, da sich niemand empört oder sichtbar protestiert. Die bereits vorhandenen Selbstzweifel des Opfers, dass mit ihm vielleicht „etwas nicht stimmen" könnte, werden auf diese Weise weiter verstärkt. Die **Werte-Verschiebung** findet somit auch in seinem Kopf statt und schwächt es zusehends mehr.

Assistenten der Täter beobachten, dass das Mobbing-Verhalten keine negativen Folgen nach sich zieht, dass sogar Macht auf sie mit abfärbt und dass die Verantwortung so auf viele Schultern verteilt wird, sie sich also gar nicht in Frage stellen müssen. Außerdem hat die Gruppe ein gemeinsames Ziel, welches den Schülern falsche soziale Sicherheit gibt und eine falsche Stärke suggeriert. So scheint das Mobbing in gewissem Sinne das „Gemeinschaftsgefühl" der gesamten Gruppe zu untermauern.

*PTBS = Posttraumatisches Belastungs-Syndrom

2. Was ist Mobbing?

Der psycho-soziale Aspekt

Gleichzeitig sind die passiv zuschauenden Schüler erleichtert, nicht selbst Mobbing-Opfer zu werden.

Aber auch die „Zuschauer" sind nicht machtlos. Sie könnten theoretisch Mobbing verhindern bzw. auflösen, indem sie nicht schwiegen, sondern indem sie handelten und Verantwortung übernähmen. Diese von ihr selbst nicht wahrgenommene, aber durchaus vorhandene „Stärke" der Restgruppe ist genau die Dimension, an der wir ansetzen und mit der wir im No Blame-Ansatz arbeiten werden.

Nochmals zurück zu den Mobbing-Opfern: Aus dem Dargelegten wird deutlich, dass sie in mehrfacher Hinsicht machtlos sind: Nicht nur schaffen sie es nicht, sich aus eigener Kraft zur Wehr zu setzen, sondern sie sehen sich darüber hinaus völlig isoliert und ohne Unterstützung von irgendwoher der Übermacht der anderen ausgeliefert. Die Folgen für einen jungen Menschen können gravierend sein. Äußerlich wahrnehmbar durch die Lehrkräfte sind in der Regel die Einbrüche der schulischen Leistungen, oftmals gefolgt von hohen Fehlstunden mit oder ohne Krankschreibungen.

Das Nachlassen der Leistungen ist aber nur die eine Seite; der Verlust des Selbstbewusstseins bis hin zu Gefühlen von Selbstzweifeln und Ohnmacht sind die psychischen Folgen für das Opfer. Wir wissen von schweren Erkrankungen, von Selbstmord-Absichten Betroffener und von post-traumatischen Belastungsstörungen ehemaliger Mobbing-Opfer.

Die Bühne

- Das „Drama" Mobbing spielt sich wie auf einer Bühne ab.
- Anhand des Bildes von der Bühne lässt sich das komplexe Mobbing-Geschehen einfach darstellen und verstehen.
- Alle „Mitspieler" haben feste Rollen.
- Es gibt Haupt- und Nebendarsteller, Assistenten, Zuschauer.
- Auch der Lehrer spielt eine Rolle.
- Wird die Bühne entzogen, löst sich das Mobbing auf.

In einem unserer Workshops resümierte ein Teilnehmer: „Wenn man Mobbing verstehen möchte, muss man sich das Beziehungsgeflecht der Beteiligten genau anschauen. Jeder bekleidet eine klar definierte Rolle in diesem System. Und die, die das Mobbing scheinbar gar nichts angeht, diejenigen, die zuschauen, ermöglichen es erst!"

Es waren diese und ähnliche Aussagen, aber vor allem unsere fast täglichen Erfahrungen mit Mobbern und Gemobbten, mit den Gruppen und Klassen, in denen das Mobbing stattfand, die in uns eine Szenerie des Mobbing entstehen ließen, die vergleichbar mit einer Bühne in einem Theater mit Vorhang, Bühnenbild und Zuschauern ist.

KOHL VERLAG Mobbing ... die etwas andere Gewalt - Bestell-Nr. 12 038

A Theoretischer Teil

2. Was ist Mobbing?

Die Bühne

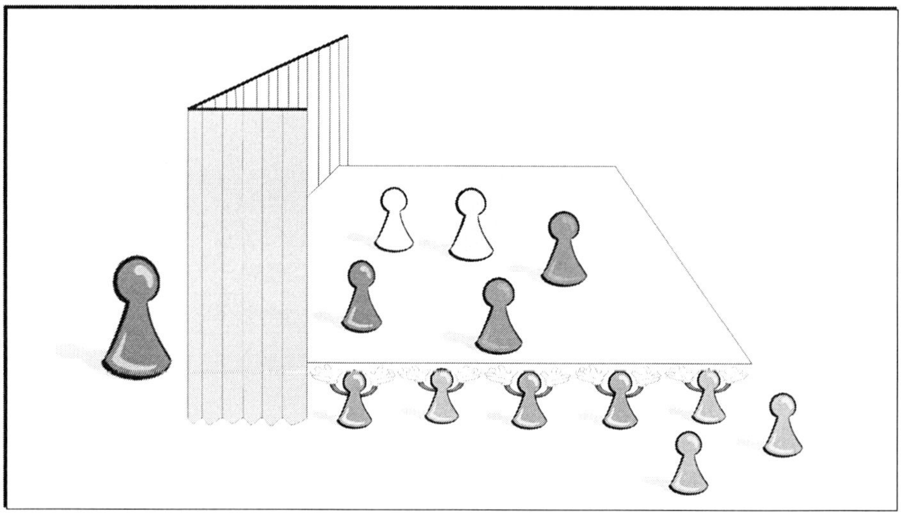

Zentral ist die Bühne, auf der das Drama „Mobbing“ aufgeführt wird. Die Zuschauer bilden das Fundament. Auf ihren Köpfen ruhen die Bühnenbretter, und mit ihren Händen stabilisieren sie die Konstruktion. Es ist die „graue Masse“ der zuschauenden Klasse, aber es sind auch die sozial kompetenten Mitschüler, die sich nicht – oder noch nicht – trauen, unter den Brettern herauszutreten und den Teufelskreis des Mobbing zu durchbrechen. Einzelne (grüne Figuren) wagen es ganz langsam und lassen das Schauspiel auf sich wirken, ohne jedoch einzugreifen.

Auf der Bühne selbst befinden sich die Mobber (rote Figuren), ihre Assistenten (gelbe Figuren) und das Mobbingopfer (violette Figur). Hinter dem Bühnenvorhang steht der Lehrer (blaue Figur). Er kann der Aufführung nicht folgen, weil der Vorhang ihm den Blick versperrt. Mobbing lebt – wie beschrieben – vom Verdeckten, von der Heimlichkeit. Fraglich ist, wer den Vorhang vorgezogen hat. War es der Lehrer selbst, waren es die Akteure, oder waren es mehrere Beteiligte? Vielleicht hat der Lehrer von dem Drama tatsächlich nichts mitbekommen - oder will er dies vielleicht gar nicht? Diese Fragen bleiben zunächst offen.

Wir möchten hier nicht werten; denn wir gehören selbst diesem Berufsstand an und wissen gerade deshalb, wie schwer es fällt, in einer Gruppe, in der wir selbst auch beteiligt sind, das Mobbing zu erkennen. Auch ahnen wir, was auf uns zukommt, wenn wir tatsächlich hinschauen und sehen, was vor sich geht. Natürlich erschwert auch die Heimlichkeit der Mobbing-Vorgänge uns als den Betreuenden, Signale richtig zu deuten. Oder die Hektik des Schulalltags lässt an manchen Tagen gar keine sorgsame Beobachtung zu. Natürlich kann auch das Gefühl der Hilflosigkeit, mit solchen Situationen umgehen zu können, ein Motiv sein, warum wir als Lehrer wegschauen oder das Gesehene ignorieren.

Zurück zum Bild der Bühne: Bei den Schüler-Reaktionen verblüfft es immer wieder aufs Neue, wie sensibel Kinder und Jugendliche auf dieses Bild reagieren. Sie wissen fast immer, was gemeint ist, denn es sagt mehr als die berühmten „tausend Worte“. Das wiederum zeigt uns Lehrern aber auch sehr deutlich, welche Erfahrungen unsere Schüler tagtäglich machen. Mobbing gehört bedauerlicherweise für sie zum Schulalltag.

Im Bild von der Bühne wird nicht nur der „Ist-Zustand“ klar. Es lässt sich mühelos erkennen, was geschehen muss, damit das Mobbing aufhört: Die Bühne muss weggezogen werden und ebenso der Vorhang.

(Tipp: Das Bild der „Bühne“ lässt sich auch als Folie im Unterricht einsetzen.)

A Theoretischer Teil

2. Was ist Mobbing?

Die Bühne

In dem Augenblick, in dem das Publikum nicht mehr nur zuschaut, sondern Mitverantwortung übernimmt, sobald also hingeschaut und gehandelt wird, ist das „Theater"-Spiel zu Ende. Ohne die Bühne wird dem Mobbing die Grundlage entzogen! Dafür Sorge zu tragen, dass dies auch geschieht, ist daher die logische Konsequenz, und nur der betreuende Erwachsene ist dazu in der Lage. Und wenn er durchschaut, um was es geht, dann muss er auch handeln. Lehrer tragen die Verantwortung für das Wohl ihrer Schüler sowohl für die gesamte Gruppe, besonders aber für die Schwächeren unter ihnen.

Mit dem Bild der „Bühne" lässt sich erklären, worin der Unterschied zum Cybermobbing besteht. Mobbing, das auf der „Bühne" der Klasse bzw. der Gruppe aufgeführt wird, lässt sich durch das Entfernen der Bühne stoppen. Ist hingegen die Bühne das Internet, dann ist sie nicht so einfach wegzunehmen. Bei Cyber-Mobbing müssen daher andere Hebel angesetzt werden. Aber dazu an anderer Stelle mehr.

- Es gibt keine typischen Mobbing-Opfer.
- Wer zum Mobbing-Opfer wird, hängt von der jeweiligen Gruppe ab.
- Dem Mobbing-Opfer darf weder die Mitschuld noch eine Teilschuld am Mobbing gegeben werden.
- Werte und Normen in einer Gruppe spielen eine große Rolle dabei, wer zum Mobbing-Opfer wird.
- Die Führung durch die Lehrperson ist mitentscheidend.
- Mobbing-Opfer benötigen Schutz und Hilfestellung bei der Abwehr von Mobbing.

Typische Mobbing-Opfer?

Ein Wort noch zu der leider weit verbreiteten Meinung, es gäbe typische „Opfer" – oder auch klar erkennbare „Täter-Profile". Wir warnen vor solchen „Schubladisierungen". Die oft gehörte Aussage, es gebe Schüler, die sich besonders als Mobbing-Opfer eignen, trifft unseren Erfahrungen zufolge nicht zu. Es hängt von der Zusammensetzung der Gruppe sowie von der mentalen und psychischen Verfassung seiner Mitglieder ab, ob Mobbing überhaupt aufkommen kann. Wenn eine Gruppe anfällig für solche Konflikte ist, dann kann das Mobbing je nach Schulform und Gruppenzusammensetzung völlig unterschiedliche Schülerpersönlichkeiten treffen.

So kann derselbe selbstbewusste und leistungsstarke Schüler in einer Gruppe mit vielen guten und leistungsstarken Schülern völlig unauffällig sein, während er in einer Gruppe mit lauter schwachen Schülern heraussticht und zum Mobbing-Opfer werden kann, wenn Neid und Abneigung von anderen ins Spiel kommen. Dasselbe behinderte Kind fällt in einer Gruppe mit anderen behinderten Kindern weniger auf und läuft weniger Gefahr, gemobbt zu werden als in einer Gruppe von nicht-behinderten Kindern (vgl. auch das Kapitel zur Inklusion).

2. Was ist Mobbing?

Typische Mobbing-Opfer?

Die Werte und Normen, die eine Gruppe im Laufe der Zeit miteinander herausgebildet und festgelegt hat, entscheiden erfahrungsgemäß mit darüber, ob ein Außenseiter eher links liegen gelassen wird oder ob einzelne Mitschüler versuchen, ihn einzubeziehen. Auch spielen Teamgeist, Empathie und Toleranz eine große Rolle, und diese sind mehr oder weniger ausgeprägt, und das nicht zuletzt auch entsprechend der Führung der Gruppe durch den jeweiligen Lehrer.

Mobbing-Opfer neigen dazu, sich selbst die „Schuld" an ihrer Situation zu geben. Selbstbewusstsein und Selbstverständlichkeit im Umgang mit den anderen werden mit der Zeit immer reduzierter. Es entsteht ein Teufelskreis, der zu der Lehrer-Meinung führt, dass derjenige selbst Schuld an seiner Misere sei, was wiederum das Mobbing-Opfer in seinem Selbstzweifel bestärkt.

Es kann durchaus auch vorkommen, dass ein Gemobbter selbst auch kleine „Nickligkeiten" begeht oder dass er sogar lacht, wenn er gequält wird. Das alles darf aber nicht darüber hinwegtäuschen, dass diese Verhaltensweisen lediglich hilflose Versuche des Gemobbten sind, auf irgendeine Weise mit seiner misslichen Lage umzugehen.

Wir setzen in unseren Fortbildungen gerne das Video des Medienprojekts Wuppertal mit dem Namen „Du bist schlimm" ein. In diesem Film erklärt der gemobbte Schüler in einem Interview seine traurige Lage: Sein „Lachen" sollte den Angreifern signalisieren, dass er ihnen seine Qualen nicht zeigen möchte, um im Sinn des Wortes „sein Gesicht zu wahren."[13]

Wir warnen daher davor, Mobbing-Opfern die Verantwortung bzw. Teilverantwortung an ihrer Situation zu geben oder auch an seine Mitarbeit zum Vermeiden des Mobbing zu appellieren. Dies wird ihm nicht nur nicht möglich sein, sondern es ist sogar dazu angetan, den Selbstzweifeln des Opfers weitere Nahrung zu geben.

Die einzig richtige Maßnahme ist es, Anteilnahme gegenüber dem Mobbing-Opfer zu zeigen und ihm Schutz anzubieten. Langfristig muss es natürlich das Ziel sein, das gemobbte Kind zu stärken, indem ihm Möglichkeiten und Mittel an die Hand gegeben werden, sich besser abzugrenzen oder durchzusetzen. Dazu benötigt es allerdings in erster Linie die Zuversicht und das Vertrauen, nicht alleine dazustehen und jederzeit Schutz und Hilfe anfordern zu können.

[13] Medienprojekt Wuppertal: "Du bist schlimm!" - Film und Handreichung. Wuppertal 2003

2. Was ist Mobbing?

Recht auf Schutz und Fürsorge von Kindern und Jugendlichen

- Jedes Kind hat das Recht auf Schutz und Fürsorge durch die betreuenden Erwachsenen.
- Im Fall von Mobbing entsteht eine deutliche Unterlegenheitssituation des Opfers.
- Das verpflichtet die Verantwortlichen umso mehr, das Mobbing-Opfer zu schützen.

Die UN-Kinderrechtskonvention, die 1989 verabschiedet und 1992 auch von Deutschland ratifiziert wurde, definiert eigene Kinderrechte, unter denen im Zusammenhang mit unserem Thema vor allem das Recht auf Schutz vor seelischer und körperlicher Gewalt zu nennen ist.

Artikel 3 der Konvention besagt, dass „bei allen Maßnahmen, die Kinder betreffen, gleichviel ob sie von öffentlichen oder privaten Einrichtungen der sozialen Fürsorge, Gerichten, Verwaltungsbehörden oder Gesetzgebungsorganen getroffen werden,“ das Wohl des Kindes vorrangig zu berücksichtigen sei. Die unterzeichnenden Vertragsstaaten verpflichten sich, „dem Kind ... Schutz und die Fürsorge zu gewährleisten, die zu seinem Wohlergehen notwendig sind; zu diesem Zweck treffen sie alle geeigneten Gesetzgebungs- und Verwaltungsmaßnahmen.“ Dabei soll auch sichergestellt sein, „dass die für die Fürsorge für das Kind oder dessen Schutz verantwortlichen Institutionen, Dienste und Einrichtungen den von den zuständigen Behörden festgelegten Normen entsprechen, insbesondere im Bereich der Sicherheit und der Gesundheit ...“[14]

Der staatliche Erziehungsauftrag (Artikel 7, Abs. 1 GG), besagt, dass während der Schulzeit die Schule die Verantwortung für die Schüler trägt. Lehrkräfte haben grundsätzlich eine Fürsorge- und Obhutspflicht, die sich aus der Amtspflicht von Vorgesetzten ergibt. Danach besteht innerhalb der Schule die Primärverantwortung in der Pflicht, „Schulkinder vor Schäden in Gesundheit und Vermögen wie auch vor Verletzung anderer grundrechtlich geschützter Güter zu bewahren“ (OLG-Zweibrücken, Beschluss vom 5. Juni 1997, 6 U 1/97).

In Mobbing-Fällen, bei denen das oben beschriebene asymmetrische Machtgefälle herrscht, gilt demnach nicht das Prinzip, dass Schüler die Probleme, die sie miteinander haben, auch selbst miteinander austragen sollten. Diese Methoden der Konfliktbewältigung in der Schule sind in anderen Zusammenhängen sehr sinnvoll und tragen natürlich zur Gewaltprävention und somit zur Entlastung der Lehrer bei. Konzepte wie die Peer Mediation (Streitschlichtung) und Soziales Lernen können bewirken, dass Mobbing in solchen Klassen seltener auftritt.

Aber bei Mobbing können sie auf keinen Fall eingesetzt werden. Da in der Regel aufgrund der Täter-Opfer-Konstellation eine deutliche Ungleichheit der Verhältnisse gegeben ist, muss klar sein, dass hier die verantwortlichen **Erwachsenen** zum Eingreifen verpflichtet sind. Mit welcher Methode und wie am umsichtigsten eingegriffen werden kann, beschreiben wir in der Folge.

[14]Unicef: Konvention über die Rechte des Kindes. Köln 1989

2. Was ist Mobbing?

Cyber-Mobbing

- Cyber-Mobbing unterscheidet sich in seinen Mobbing-Handlungen nicht vom „analogen“ Mobbing.
- Fast immer kennen sich auch beim Cyber-Mobbing die Beteiligten.
- Der große Unterschied liegt in der unbeherrschbaren Verbreitung von Mobbing-Handlungen durch die eingesetzten Medien.
- Schule und Eltern können zwar kaum intervenieren, aber sie können aufklären und somit präventiv wirken.
- Gute Präventionskonzepte bieten auch Polizei und andere Fachleute.

Cyber-Mobbing ist das absichtliche Beleidigen, Bedrohen, Bloßstellen oder Belästigen eines Einzelnen seitens mehrerer anderer mit Hilfe moderner Kommunikationsmittel - ebenfalls meist über einen längeren Zeitraum. Die Aktivitäten finden per Handy mit SMS oder WhatsApp und anderen „Instant Messengern“, über E-Mails und/oder in sozialen Netzwerken wie Facebook sowie per Video auf Portalen wie youtube statt, aber sie unterscheiden sich in Bezug auf die Mobbing-Handlungen kaum von den „analogen“ oder „real life-“Mobbing-Aktivitäten.

Beim Cyber-Mobbing kennen sich Opfer und Täter fast immer aus der „realen“ Welt; denn Mobbing - egal in welcher Form - geht in den meisten Fällen von Personen aus dem eigenen Umfeld aus. Im Unterschied zur „real life“-Situation in der Schule handeln „Cyber“-Täter allerdings meistens anonym, so dass das Opfer oft nicht weiß bzw. nur ahnt, von wem die Angriffe stammen. Hierzu passt auch, wie oben bereits erwähnt, das Bild von der „Bühne“ nicht mehr; denn die digitalen Aktivitäten erschweren ein Identifizieren der Täter, und auch die „Mitspieler“ entziehen sich der möglichen Enttarnung.

Ein weiterer sehr gravierender Unterschied zum „analogen“ Mobbing ist die Tatsache, dass Beleidigungen, Demütigungen, Bloßstellungen und Diffamierungen im Netz eine unbeherrschbare Dynamik entwickeln und sich ungebremst vervielfältigen können. Die Spuren lassen sich dann nur mit erheblichem technischem und finanziellem Aufwand - meistens unter Zurhilfenahme von juristischem Fachbeistand - bestenfalls eindämmen.

Man kann den Betroffenen und ihren Eltern in solchen Fällen lediglich raten, sich an den Provider des jeweiligen Netzwerks zu wenden mit dem Ziel, die Inhalte aus dem Netz entfernen zu lassen. Sind die Verfasser bekannt, sollte man sich überlegen, Anzeige zu erstatten, auch wenn der rechtliche Weg nicht immer zufriedenstellend ist. In einigen Fällen hat bereits die bloße Anzeige schon Wirkung gezeigt und das Mobbing aufgehalten, in anderen Fällen nicht.

Hilfreicher gerade in Bezug auf Cyber-Mobbing sind schulische Präventionskonzepte. Sie können Aufklärung über soziale Netzwerke und deren Gefahren leisten, über Datenschutz und Persönlichkeitsrechte.

2. Was ist Mobbing?

Cyber-Mobbing

Gute Anregungen und Angebote in diesem Zusammenhang erhalten Schulen und Einzelpersonen auch von öffentlichen Einrichtungen und Online-Portalen.[15]

Wenn Mobbing außerhalb des schulischen Umfelds auftritt, bleibt Mobbing-Opfern leider nur, sich Hilfe in ihrem Familien- und Bekanntenkreis zu suchen oder sich selbst an die entsprechenden benannten öffentlichen Stellen zu wenden. Da die Polizei auch gute Konzepte vorhält, empfiehlt es sich, mit den Kolleginnen und Kollegen des Dezernates Vorbeugung zusammenzuarbeiten, das es in vielen Städten gibt, also hier Synergieeffekte zu nutzen.

So kann man die Beamten zu Workshops oder Informationsveranstaltungen in die Schule einladen. Aus dem Munde eines Polizeibeamten über den Umgang mit dem Internet und mit sozialen Medien zu erfahren oder Informationen über das, was strafbar ist und was nicht, zu erhalten, hinterlässt bei Schülern oftmals einen stärkeren Eindruck als noch so gut vorbereitete Unterrichtseinheiten zu diesem Thema.

Wir praktizieren an unseren Schulen diesen Weg seit Jahren und wissen auch von vielen anderen Schulen, die auf dieses Vorbeugungs-Konzept der Polizei setzen.

Zurück zu den Fällen, in denen das Mobbing unter Kindern und Jugendlichen Mitglieder der eigenen schulischen Gruppe betrifft und der Gemobbte die Täter kennt und sie auch benennen kann: Hier lässt sich erfolgreich der No Blame-Ansatz einsetzen, wie im Folgenden beschrieben.

Prävention und Reflexion

Im Folgenden machen wir Vorschläge zur Mobbing-Präventions-Arbeit. Um zu erkennen, wie umfassend und vielfältig diese ausfallen kann, eignet sich die „Checkliste" zu den möglichen Präventivmaßnahmen im Anhang A 1-3, Seiten 80-82. Diese lässt sich zum Beispiel von Kollegen einer Steuergruppe zum Thema „Schulprofil" oder „Gewaltprävention" u. ä. bearbeiten, um damit dann zum Beispiel entsprechende Vorschläge in eine Lehrerkonferenz einzubringen, aber auch, um sich zu vergegenwärtigen, was bereits an gemeinschaftsfördernden Ritualen, Maßnahmen und Projekten an der Schule existiert.

Um auch den Schülern Klarheit über den Mobbing-Begriff zu verschaffen, lassen sich z.B. mit dem Film „Du bist schlimm!" des Wuppertaler Medienprojekts[16] die typischen Merkmale von Mobbing in Unterscheidung zum gewöhnlichen Streit erarbeiten. Anschließend kann die Übung „Unterschied Streit – Mobbing" eingesetzt werden, Vorlage im Anhang A 4, Seite 83.

Die Illustration „Die Bühne" (Anhang A 5, Seite 85) als Folie eignet sich sehr gut, um den Schülern das Systemische am Mobbing-Szenario zu verdeutlichen. Schüler erkennen sehr schnell, um was es geht und können einen großen emotionalen Lerneffekt davontragen.

Ein Nachdenken zum bisherigen eigenen Umgang mit Mobbing und zur emotionalen Lage, die damit einherging, lässt sich mit dem Reflexionsbogen „Fühlen und Handeln in konkreten Mobbing-Situationen" Seite 86 erreichen, z.B. an einem pädagogischen Tag zum Thema „Gewaltprävention".

[15] zum Beispiel beim Mobbing-Help-Desk: http://www.mobbing-help-desk.de/ oder beim Bündnis gegen Cybermobbing: http://www.bündnis-gegen-cybermobbing.de/, und viele mehr.

[16] Medienprojekt Wuppertal: Du bist schlimm. Wuppertal 2003

Mobbing ... die etwas andere Gewalt - Bestell-Nr. 12 038
KOHL VERLAG

3. Der Unterstützergruppen-Ansatz

Übliche Vorgehensweisen bei Schüler-Fehlverhalten

„Wenn man immer wieder das tut, was man immer schon getan hat, dann wird man auch immer wieder das bekommen, was man immer schon bekommen hat!"

(Robinson/Maines)

- Die üblichen Vorgehensweisen gegen Mobbing sind Vier-Augen-Gespräche, Gruppengespräche, Ordnungs- und Strafmaßnahmen.
- Diese Maßnahmen führen in der Regel kaum zu Verbesserungen der Situation.
- Die „Gratifikationen" in Form von Aufmerksamkeit und Respekt durch die Mitschüler sind für die Mobber lohnende Ziele, die sie nicht ohne andere Anreize aufgeben würden.

Da Mobbing-Handlungen gegen die Schulordnung verstoßen und das Klassengefüge und Unterrichtsgeschehen erheblich beeinträchtigen können, sehen sich Schulen oftmals gezwungen, die Tätlichkeiten und Angriffe einzelner identifizierter Mobbing-Täter mit schulischen Ordnungsmaßnahmen zu ahnden. Nach wiederholten Ermahnungen und der Einhaltung der entsprechenden organisatorischen Schritte wird meistens eine Klassenkonferenz anberaumt, in der der Täter mit seinen Handlungen konfrontiert und dafür mit Maßnahmen bestraft wird, die als geeignet erachtet werden.

In der Regel sind diesen Ordnungsmaßnahmen bereits sogenannte „Vier-Augen"-Gespräche mit den Mobbing-Tätern vorausgegangen; oft wurden auch Gespräche mit der jeweiligen Gruppe oder der gesamten Klasse geführt - manchmal mit, in der Regel aber ohne das oder die Mobbing-Opfer. Aus unserer Erfahrung wird in Klassengesprächen das Gefüge, innerhalb dessen sich Mobbing abspielt, sowie die Mechanismen, die in ihm wirksam werden, nicht aufgedeckt. Es muss sich niemand angesprochen fühlen, die Mobber „verstecken" sich, Mitläufer halten sich ebenfalls bedeckt und Schüler, die das Mobbing ablehnen, werden sich nicht trauen, Stellung zu beziehen. Veränderungen können auf diese Weise nicht stattfinden. In den sog. „Vier-Augen-Gesprächen", in denen Mobber beschuldigt und ausgeschimpft werden, können letztlich weder Einsichten noch die entsprechenden Verhaltensänderungen angestoßen werden. Im Gegenteil, oftmals schwören die Mobber insgeheim Rache, da sie sich ertappt und beschuldigt fühlen.

Vielfach beobachten wir, dass die Schulen nach längerer Zeit der Versuche mit solchen Maßnahmen kapitulieren, indem entweder Mobber oder Mobbing-Opfer in andere Gruppen versetzt oder - in ganz verfahrenen und aussichtslosen Fällen - die Täter der Schule verwiesen werden. Nicht selten verlässt das Mobbing-Opfer selbst die Schule.

Dass mobbende Schüler in der Regel nicht durch Vier-Augen-Gespräche, durch Klassengespräche oder durch Strafmaßnahmen beeindruckt, geschweige denn gestoppt werden können, berichten die zahllosen Kollegen, an deren Schulen solche Versuche, mit Mobbing fertig zu werden, unternommen wurden, ohne dass eine Veränderung stattfand.

3. Der Unterstützergruppen-Ansatz

Übliche Vorgehensweisen bei Schüler-Fehlverhalten

Ursächlich dafür sind in den meisten Fällen die „Gratifikationen", die Mobber mit ihrem Tun erlangen und die viel zu lohnend sind, als dass sie einfach so wieder aufgegeben werden. Im Mobbing-Geschehen wird ihnen Respekt und Bewunderung gezollt; sie stehen im Mittelpunkt und üben Macht aus in einer Einrichtung, in der sie ansonsten häufig am unteren Ende der Rangordnung stehen, zumindest dann, wenn auch ihre schulischen Leistungen nicht vorzeigbar sind.

Wenn wir dieses Bedürfnis von Mobbern nach Bedeutsamkeit und Wahrgenommen-Werden in Betracht ziehen, dann kann eine Verhaltensänderung nur dann stattfinden, wenn ihnen Bedeutung und Anerkennung auf eine andere, eine konstruktivere und auch für sie selbst lohnendere Weise zuteil wird. Voraussetzung dafür ist aber der Verzicht auf jegliche Beschuldigung, Zurechtweisung und Bestrafung. Daher auch der ursprüngliche Name des Ansatzes „No Blame Approach".

Ein weiterer und gravierender Nachteil aller genannten Versuche, mit Mobbing umzugehen, ist der, dass die Mobbing-Opfer nicht geschützt sind. Der No Blame-Ansatz hingegen hat vor allem den Opfer-Schutz im Blick.

Der Mobbing-Fragebogen

Nicht immer ist von vornherein klar, ob es sich bei einem Kind, das sich selbst als Mobbing-Opfer sieht oder dessen Eltern es als solches bezeichnen, auch tatsächlich um Mobbing handelt. Auch kennt der an der Schule verantwortliche Mobbing-Experte nicht alle Kinder und ist auf die Informationen von Klassenlehrern und Fachpersonal angewiesen. Wenn gar nicht deutlich geworden ist, ob es sich in einem Fall um Mobbing handelt oder nicht, lässt sich der Mobbing-Fragebogen im Anhang A 7, Seite 87 verwenden.

Dies sollte in einem „geschützten" Raum und einer entspannten Atmosphäre – ohne Anwesenheit anderer Lehrer oder Schüler geschehen .

Intervention mit dem Unterstützergruppen-Ansatz

> *„Beende das Mobbing, dann gib ihnen Fertigkeiten, wenn sie sie benötigen! Stärke sie, damit sie gut sein können!"*

(Robinson/Maines)

- Gründer des No Blame Approach sind Barbara Maines und George Robinson
- Der Ansatz wurde in den Achtzigern erprobt und 1991 das erste Mal veröffentlicht.
- Er fußt auf einem humanistisch orientierten Menschenbild.
- Seine Haupt-Bestandteile sind zwei Gespräche:
  - ⇨ das Gespräch mit dem Mobbing-Opfer
  - ⇨ das Gespräch mit der sogenannten Unterstützer-Gruppe

Mobbing ... die etwas andere Gewalt - Bestell-Nr. 12 038
KOHL VERLAG

3. Der Unterstützergruppen-Ansatz

Intervention mit dem Unterstützergruppen-Ansatz

Dieser Anti-Mobbing-Ansatz, bekannt geworden als „No Blame Approach“, wurde von Barbara Maines und George Robinson in England entwickelt und das erste Mal 1991 unter dem Namen „Don't beat the Bullies“ in der Fachzeitschrift „Educational Psychology in Practice“[17] veröffentlicht. Es ist eine Methode, die – wie bereits erwähnt – ohne Schuldzuweisung (No Blame) auszukommen versucht und stattdessen den Mobbern selbst die Verantwortung für die Problemlösung übergibt. Das hört sich zunächst einmal sehr widersprüchlich an, ist aber für diejenigen, die bereits ein Mediationsprojekt an ihren Schulen installiert haben, kein Neuland. Es entspricht dem Menschenbild der humanistischen Psychologie, die grundsätzlich von dem intrinsischen Streben des Individuums in der Spanne zwischen sozialem Eingebettetsein und dem Wunsch nach Selbstverwirklichung ausgeht.[18]

In seiner Grundstruktur besteht der Ansatz des No Blame Approach aus zwei Gesprächen, die beide wohl geplant und vorbereitet werden müssen:

1. dem Gespräch zwischen einem in diesem Ansatz geschulten Kollegen aus der eigenen Einrichtung oder einem externen Experten und dem Mobbing-Opfer;
2. dem Gespräch mit eben diesem geschulten Gesprächspartner und der Unterstützergruppe, die mit Hilfe des Mobbing-Opfers zusammengestellt wurde.

Ziel des Gespräches ist die Umwandlung der aggressiven Grundhaltung der Mobber in eine konstruktive Kooperationsbereitschaft, um die Situation für alle Mitglieder der Gruppe zu verbessern.

Auch wenn – wie bereits erwähnt – Mobbing keineswegs mit den herkömmlichen Methoden des Streitschlichtungs-Ansatzes bearbeitet werden kann, so sind doch die Grundlagen, die für Mediation gelten, auch im No Blame-Ansatz nicht nur hilfreich, sondern sogar Voraussetzung für erfolgreiches Handeln.

[17] Maines, B. und Robinson, G.: Don't beat the bullies. In: Educational Psychology in Practice: theory, research and practice in educational psychology, Volume 7, Issue 3. London 1991

[18] zum Beispiel:
- Maslow, A.: Motivation and Personality. New York 1954
- Rogers, C.: Entwicklung der Persönlichkeit. Stuttgart 1976
- Cohn, R.: Von der Psychoanalyse zur Themenzentrierten Interaktion. Stuttgart 1975

3. Der Unterstützergruppen-Ansatz

Das Opfer – Souverän des Prozesses

- Mobbing-Opfer befürchten eine Eskalation, wenn sie sich jemandem anvertrauen.
- Der gemobbte Schüler benötigt daher Vertrauen und Schutz.
- Er muss mit der geplanten Vorgehensweise einverstanden sein.
- Alle zukünftigen Schritte erfordern sein Einverständnis.

Das Unterstützergruppen-Gespräch ist dasjenige, das eine komplette Veränderung der bisherigen Situation herbeiführen soll und dies auch meistens erreicht. Voraussetzung dafür ist allerdings, dass das Opfer mit dieser Vorgehensweise einverstanden ist. Der No Blame-Ansatz schützt den Gemobbten, indem das Mobbing zunächst nicht öffentlich gemacht wird und alle geplanten Maßnahmen mit dem Opfer abgesprochen werden. Mobbing-Opfer haben nämlich die große Sorge, dass sich ihre Situation verschlimmern könnte, sobald sie sich „outen". Daher wird immer als erstes ein Gespräch mit dem Opfer zu führen sein, ohne dass irgendjemand in der Schule davon Kenntnis erlangt.

Erst, nachdem zu diesem eine Vertrauensbasis aufgebaut werden konnte, wird ihm erklärt, dass ein Gespräch mit verschiedenen Schülern aus seiner Gruppe geführt werden soll, bei dem er selbst nicht anwesend ist, wohl aber diejenigen Schüler, die ihn plagen und einige andere, die zusammen mit dem Gesprächsleiter ausgesucht werden. Diese „anderen" sind von zentraler Bedeutung, da wir davon ausgehen, dass sich in jeder Gruppe auch sozial kompetente Schüler befinden, die im gesamten Vorgehen die entscheidenden Weichen stellen werden.

Die große Herausforderung besteht aber zunächst einmal darin, in diesem Gespräch das Vertrauen des Gemobbten zu gewinnen. Mobbing-Opfer brauchen unbedingt das Gefühl, dass ihnen Schutz zuteil wird. Nur mit dieser Zuversicht können sie die Bereitschaft entwickeln, den Weg mitzugehen, den sein Gesprächspartner ihm vorschlägt. Der nächste Schritt besteht daher darin, ihn davon zu überzeugen, dass es Auswege aus seiner Situation gibt, eine Aussicht, die sich einem Gemobbten in seiner hoffnungslos erscheinenden Lage bisher noch nicht aufgetan hatte. Wie wir es schaffen können, ihm diese Hoffnung zu vermitteln, werden wir im praktischen Teil aufzeigen.

Eine der wichtigsten Informationen für den Gemobbten ist zunächst aber die, dass keine zukünftige Maßnahme ohne sein Einverständnis getroffen wird und dass auch ohne sein Einverständnis keine weiteren Personen informiert werden. Das erstreckt sich auch auf die engsten Bezugspersonen, die oft nicht ohne Grund vom Gemobbten nicht eingeweiht wurden. Während der gesamten Dauer des Prozesses muss der Gemobbte daher unbedingt das Gefühl bekommen, dass er der Souverän des weiteren Vorgehens ist und bleibt und kein einziger Schritt ohne sein Einverständnis getan wird. Damit soll das Versprechen des Opferschutzes wahrgemacht und dem Opfer die Angst vor einer Eskalation der Situation genommen werden.

3. Der Unterstützergruppen-Ansatz

Einbettung des Ansatzes

Einflüsse auf den Ansatz des No Blame Approach:

- Grundlagen der Gesprächstherapie von Rogers
- nicht-strafende Therapie-Konzepte der Psychologen Redl und Wineman im Umgang mit aggressiven Kindern
- Konfliktlösungs- und Gesprächsmethoden von Gordon
- die Methode des „shared concern" von Pikas
- Das gesamtschulische Konzept von Olweus ist eher für die Prävention von Bedeutung.

Wie von George Robinson dargelegt, ist es nicht so einfach, die verschiedenen Einflüsse, die sich zu einem Konzept wie dem No Blame Approach zusammenfügen, zu identifizieren. Als einen wichtigen Ideengeber benennt Robinson den amerikanischen Psychologen Thomas Gordon, der bereits in den Siebziger Jahren die Schullandschaft mit seinem Buch „Teacher Effectiveness Training"[19] revolutionierte. Nach den dunklen Jahren restriktiver Pädagogik galten seine Konzepte nicht nur für Lehrer und Eltern als bahnbrechend, sondern sie führten auch zu Veränderungen der Unternehmenskultur in seinem Land und wurden weltweit bekannt. Gordon führte solche „Techniken" wie „aktives Zuhören" und „Ich-Botschaften" ein; außerdem geht auf ihn der Begriff der Win-Win-Situation zurück, die er in seinem Konfliktlösungsmodell einführte und die auch in der heutigen Mediation immer noch ein zentrales Ziel der Lösungssuche ist.

Gordon war ein Kollege von Carl Rogers, der in der Psychotherapie die Rolle des Therapeuten vom Analysten zum Gesprächspartner fortentwickelte und die Dimensionen Wertschätzung, Partnerschaftlichkeit und empathisches Entgegennehmen des Gesprächspartners in die therapeutische Sitzung einführte, so dass für den Patienten eine Gesprächssituation von Aufgehobensein und Gleichwertigkeit entstehen konnte.

Von Rogers stammt auch das Konzept des „unconditional positive regard", das besagt, dass der Therapeut jegliche persönliche Meinung und Vorurteile über den Patienten beiseite lässt und ihn voll und ganz als Gegenüber akzeptiert, was in teilweise krassem Gegensatz zum bis dahin weit verbreiteten Freudianischen Ansatz der Psychoanalyse stand, bei der der Therapeut ganz eindeutig der Überlegene und Dirigierende und der Patient der Schwache und Bedürftige war. Rogers war der Meinung, dass nur mit dem akzeptierenden und wertfreien Ansatz eine Fortentwicklung der Persönlichkeit möglich sei und dass nachhaltige Lösungen nur in einer solchen Atmosphäre zustande kommen können.

Die von George Robinson erwähnten Veröffentlichungen von Redl und Wineman[20] zeigen übrigens, dass bereits Jahrzehnte vor dem Entstehen von Rogers Gesprächstherapie in der Pädagogik Konzepte entwickelt wurden, die aggressiven Kindern einen eigenverantwortlichen Zugang zu ihrem Verhalten ermöglichten und die Zuwendung statt Unterdrückung zum Inhalt hatten.

[19]Gordon, T.: Teacher Effectiveness Training. New York 1974
[20]Redl, F. u. Wineman, D.: Children Who Hate" 1951 und „Controls From Within. Illinois 1952

3. Der Unterstützergruppen-Ansatz

Einbettung des Ansatzes

Bereits in diesen – teilweise im deutschsprachigen Raum entwickelten – Ansätzen ist die Rolle des Gesprächsleiters eine andere als die zurechtweisende und strafende der „schwarzen Pädagogik" der früheren Jahre. In Redl und Winemans Konzept erhält das aggressive Kind mit Hilfe einer empathisch unterstützenden Vorgehensweise „emotionale Soforthilfen", und es bekommt Verhaltensalternativen aufgezeigt.

Die Bedeutung von Olweus für die Einordnung, Analyse und Beschreibung von Mobbing in der Schule wurde bereits erwähnt. Sein Ansatz hat große Bedeutung für die Prävention von Mobbing; wir meinen allerdings, dass in seinem schulischen Gesamt-Konzept einem der wichtigsten Aspekte von Mobbing nicht Rechnung getragen wird, nämlich der Tatsache, dass die Mobber anstreben, im Verborgenen zu agieren und daher durch die Maschen schlüpfen können.

Speziell mit Bezug auf die Anti-Mobbing-Konzepte der früheren Jahre darf auch ein weiterer, im skandinavischen Raum tätiger Autor, nämlich der Erziehungswissenschaftler und Psychologe Anatol Pikas[21] , nicht unerwähnt bleiben. Seine Methode des „Shared Concern" weist einige Gemeinsamkeiten mit dem No Blame Approach von Robinson/Maines auf. Pikas sieht den erwachsenen Gesprächspartner bei Mobbing als einen „therapeutischen Mediator", eine Vorstellung, die allerdings der Ungleichheit der Konfliktparteien aus unserer Sicht zu wenig Rechnung trägt.

Die Gemeinsamkeiten jedoch sind unübersehbar: Ebenso wie der No Blame Approach betont das Modell des „Shared Concern" die Eigenverantwortung von Mobbing-Akteuren und setzt auf eine Veränderung der Einstellung vom destruktiven hin zu kooperativem Verhalten. Viele von Pikas Ideen sind übrigens auch in das schulische Peer-Mediation-Konzept (Schüler-Streitschlichtung) eingeflossen. Und eine mediative Grundhaltung ist bei der Anwendung des No Blame Approach ebenfalls unerlässlich.

Was ist eine mediative Grundhaltung?

- Gesprächsführende des No Blame-Ansatzes benötigen eine Grundhaltung, welche die Dimensionen Selbstverantwortung, Selbstverwirklichung, inneres Wachstum und Persönlichkeitsstärkung des Gegenübers zum Ziel hat.
- Trotz möglichen Fehlverhaltens seitens der Schüler achtet, bejaht und wertschätzt der Gesprächsführende sein(e) Gegenüber.

[21] Pikas, A.: Rationale Konfliktlösung. Stockholm 1974

Mobbing … die etwas andere Gewalt - Bestell-Nr. 12 038
KOHL VERLAG

3. Der Unterstützergruppen-Ansatz

Was ist eine mediative Grundhaltung?

In der Mediation spielen Selbstverantwortung, Selbstverwirklichung, inneres Wachstum und Persönlichkeitsstärkung eine zentrale Rolle. Das sind Kategorien, die ebenfalls der Humanistischen Psycholgie entstammen und die auch die Erfolge der klientenzentrierten Gesprächstherapie nach Rogers[22] begründen. Seitens des Gesprächsleiters wird das Bemühen um Einfühlung, Bejahung, Bestätigung, Achtung und Akzeptanz gegenüber dem Ratsuchenden als wesentliches Element mediativer Gesprächshaltung angesehen. Darauf hat insbesondere Fietkau in seiner Veröffentlichung über die Psychologie der Mediation hingewiesen. Aus seiner Sicht ist diese mediative Grundhaltung, die die Ratsuchenden als selbstverantwortlich handelnd und mündig betrachtet, eine zentrale Dimension. Nur auf ihr kann die Eigendynamik der Selbstaktualisierungstendenz zur Geltung kommen.[23]

Wenn wir es gewohnt sind, als Lehrer zu arbeiten, dann fällt uns diese Haltung gegenüber einem Schüler in der Regel nicht so leicht, denn sie entspricht nicht unserer üblichen Lehrerrolle, die das Erziehen und Beurteilen als zwei wesentliche Elemente beinhaltet. Beraten ist zwar auch eine der Dimensionen der Lehrerrolle, aber auch in dieser sind wir normalerweise die Rat-**Gebenden**, während unsere Gesprächspartner die Rat-**Nehmenden** sind. Beratung hat immer auch eine Oben-Unten-Dimension. Gesprächsführung im Rahmen des No Blame-Ansatzes kann aber nur gelingen, wenn wir allen Schülern mit der oben genannten mediativen Grundhaltung und mit Wertschätzung begegnen und sie in dieser Situation weder erziehen noch beurteilen oder verurteilen.

Mit einer mediativen Grundhaltung in Mobbing-Situationen ist auch gemeint, dass der Gesprächsleiter in den anberaumten Gesprächen **jedem** der beteiligten Schüler mit Respekt, Interesse und Empathie entgegentritt, auch den Mobbern selbst. Sein Hauptanliegen ist es ja, mit Hilfe **aller** Beteiligten eine Lösung für die aktuelle Mobbing-Situation zu finden. Dabei wird darauf verzichtet, Fehlverhalten zu thematisieren oder Druck auszuüben. Die Grundhaltung ist getragen von der absoluten Zuversicht, dass die Beteiligten selbst den Schlüssel für die Lösung des Problems in der Hand halten. Der Gesprächspartner ist in diesem Fall außerdem nicht Mediator, sondern lediglich Moderator und strukturiert den Prozess, erinnert bei Kommunikationsproblemen ggfs. an Regeln, die zu Beginn bereits angesprochen wurden und begleitet die Teilnehmenden wohlwollend und einfühlsam auf dem Weg der Lösungssuche für das Problem des gemobbten Schülers und somit für das Wohlbefinden der gesamten Gruppe.

Es gibt also eine Reihe von Parallelen zur Mediation, aber auch Unterschiede. Einer davon ist der, dass das eigentliche Konflikt-Gegenüber, der gemobbte Schüler, nicht anwesend ist und durch den Gesprächsleiter „vertreten" wird. Den Anwesenden soll deutlich gemacht werden, dass das Objekt der Anstrengungen des Gespräches dieser gemobbte Schüler ist und dass es darum geht, diesem zu helfen. Es wird aber auch für die anderen Teilnehmenden zu verdeutlichen sein, dass die Hilfe für diesen Schüler die Hilfe für die gesamte Gruppe ist, der er entstammt. Es geht also um eine Win-Win-Situation für alle Beteiligten, wie sie auch in der Mediation angestrebt wird.

[22] Rogers, C. R.: Die klientenzentrierte Gesprächspsychotherapie. Frankfurt1993

[23] Fietkau, H. J.: Psychologie der Mediation. Lernchancen, Gruppenprozesse und Überwindung von Denkblockaden in Umweltkonflikten. Berlin 2000

B Praktischer Teil

1. Das Gespräch mit dem Gemobbten

Planung

- Der No Blame-Ansatz ist kein bloßes „Handwerkszeug".
- Das Gespräch mit dem Mobbing-Opfer stellt hohe Anforderungen an den Gesprächsführenden.
- Er sollte sich mit dieser Rolle ernsthaft auseinandersetzen und seine Fähigkeit und Bereitschaft dazu prüfen.
- Das gelungene Gespräch mit dem Mobbing-Opfer ist das „Einstiegstor" zu allen weiteren Schritten des Konzepts.
- Das gelungene Gespräch mit der Unterstützergruppe beflügelt und überzeugt jeden, der es durchführt.

Es ist schon erläutert, wie sich Mobbing von anderen Formen der Gewalt unterscheidet und woran wir es erkennen können. In den zahlreichen Gesprächen, die wir in unserer Schulpraxis über die Jahre mit vermeintlich gemobbten Schülern geführt haben, stellte sich oftmals heraus, dass es sich nicht um Mobbing handelte.

Denn nicht immer, wenn Kinder oder auch Eltern den Terminus „gemobbt" benutzen, handelt es sich tatsächlich auch um Mobbing. Daher dient das Gespräch mit dem vermeintlich Gemobbten auch dazu, herauszufinden, ob es hier wirklich um Mobbing geht oder ob evtl. auch ein anderes psychosoziales Problem oder vielleicht sogar eine Störung in der Persönlichkeit des jeweiligen Schülers vorliegt. Hier sind wir dann angehalten, für das jeweilige Kind - und mit seinem Einverständnis - die entsprechende Expertenhilfe zu organisieren.

Haben wir es allerdings tatsächlich mit einem gemobbten Schüler zu tun, dann ist es oft für uns als sein Gesprächspartner nicht leicht, sich auf das, was wir dann zu hören bekommen, einzulassen. Gemobbte Schüler haben in der Regel einen längeren Leidensweg hinter sich, und wir als Gesprächs-Gegenüber können davon sehr stark berührt oder sogar betroffen werden. Empathie, d. h. die Fähigkeit, sich einzufühlen, ist eine wichtige Voraussetzung für das Gelingen des Gesprächs. Unsere Rolle als Gesprächspartner mit dem Gemobbten geht aber über die Einfühlung hinaus, denn wir öffnen uns selbst auch und zeigen ihm, dass wir an seiner Seite stehen.

Bei manchen Schilderungen von Mobbing-Opfern kann es daher vorkommen, dass wir stark erschüttert werden können angesichts des Leids, das uns - oft ohne das Gefühl von Hoffnung seitens des Gemobbten - geschildert wird. Das sollte man sich bewusst machen und auch prüfen, ob man dazu in der Lage ist, bevor man sich auf den No Blame-Ansatz einlässt, zu dem das erfolgreiche Gespräch mit dem Gemobbten sozusagen das „Einstiegstor" für alle weiteren Schritte ist. Und wenn es uns gelingt, das Vertrauen des Gemobbten zu erlangen, wenn wir spüren, dass er wieder beginnt zu hoffen, dann ist der Damm gebrochen, dann ist die Talsohle durchschritten und im Unterstützergespräch kann dann der „Aufstieg" erfolgen, indem die Klasse und die Täter zu echten „Unterstützern" werden.

Wer als Gesprächsführender das nicht kann oder dazu nicht bereit ist, für den ist der No Blame-Ansatz nicht der richtige. Wir raten daher davon ab, ihn als bloßes Handwerkszeug zu benutzen.

B Praktischer Teil

1. Das Gespräch mit dem Gemobbten

Planung

Denn ohne sich selbst einzulassen, wird es schwerlich gelingen, das Vertrauen eines zutiefst verletzten Schülers zu erlangen, der oft nicht mehr daran glaubt, dass es für ihn einen Ausweg gibt. Das glückt nur, wenn man ehrlich und authentisch und mit ganzem Herzen dabei ist!

Woher können wir Lehrer aber die Motivation und die Kraft nehmen, diesen Ansatz durchzuführen und auch langfristig einzusetzen, obwohl wir uns diesen Gefühlen jedes Mal aussetzen werden?

Diejenigen, die ihn einsetzen, sagen, dass ihre beste Motivation die ist, dass der Ansatz schon viele Male funktioniert hat, dass mit dieser Methode wirklich geholfen werden kann, sowohl dem Einzelnen als auch der Gruppe und den Tätern.

Nichts motiviert mehr als der Erfolg!

Im Gegensatz zum Gespräch mit der Unterstützergruppe muss das Gespräch mit dem Gemobbten zum Schutz des Schülers im Verborgenen stattfinden. In dieser Situation gilt es dann, ein Setting zu planen, von dem die anderen Schüler der Klasse nichts erfahren. Man wählt zum Beispiel eine Zeit zu Beginn des Unterrichts, so dass der Schüler erst später zu der Klasse stößt. Günstiger ist es, den Schüler nach dem Unterricht einzuladen oder sogar am Nachmittag, an dem keine anderen Schüler zugegen sind.

Es empfiehlt sich ein Raum, der nicht von außen einsehbar ist. Auf dem Tisch liegen ein paar Bonbons, für Notfälle auch Papiertaschentücher.

B Praktischer Teil

1. Das Gespräch mit dem Gemobbten

Planung

⇨ Anwesenheit von Klassenlehrern bei dem Gespräch mit dem Gemobbten

Manche Klassenlehrer möchten aus Sorge um „ihre" Schüler gerne dem Gespräch beiwohnen, was aus Lehrersicht nachvollziehbar ist. Die Erfahrung hat aber gezeigt, dass in den wenigen Situationen, in denen ein Klassenlehrer zugelassen wurde, dies nicht besonders hilfreich war. Nach vielen Jahren Erfahrung und Prüfung auf Praxistauglichkeit des No Blame-Ansatzes für Schule und Jugendeinrichtungen würden wir inzwischen davon abraten, dass Klassenlehrer bei dem Gespräch zugegen sind.

Eigentlich ergibt sich dies aus der sehr heiklen Situation selbst. Ein Schüler, der sich in seiner Haut extrem unwohl fühlt, sich in seiner Lage auch schämt – selbst wenn sein Klassenlehrer ihm sehr zugetan sein mag – kann sich im Raum mit zwei Erwachsenen erdrückt fühlen. Klassenlehrer haben außerdem eine andere Rolle. Sie beurteilen, geben Noten, tadeln. Für den Klassenlehrer selbst wird es daher nicht so einfach sein, in die Rolle des empathischen Zuhörers zu schlüpfen und für den Gemobbten wird es kaum möglich sein, seinen Lehrer in einer solchen Extremsituation anders als gewohnt wahrzunehmen. Das ist ein Hemmnis für den weiteren Prozess, in dem es darum geht, dass sich der Schüler öffnet und Vertrauen schöpft.

Hinzu kommt, dass der Klassenlehrer – ob bewusst oder nicht – ein Teil des Mobbingprozesses sein kann. Den meisten Lehrern ist ihr Beitrag im Mobbingprozess nicht klar. Sie mögen sich zwar nicht unbedingt im aktiven Sinne beteiligen, andererseits verhindern sie Mobbing aber auch nicht. Sie haben offenbar kein Mittel gefunden, dem Geschehen die Bühne zu nehmen, und sind schon deswegen Teil des Systems.

Klassenlehrer haben eine andere, unverzichtbar wichtige Rolle. Sie helfen bei der Organisation der Gespräche, sie liefern wichtige Hintergrundinformationen, und sie **begleiten** - wenn möglich - ihre Klasse durch diese schwierige Phase.

Die Aufgabe der „Mobbing-Experten" ist es, die Kollegen auf dem Laufenden über den Prozess zu halten. Aufgrund der den Schülern zugesagten Verschwiegenheit dürfen zwar keine inhaltlichen Informationen ausgeplaudert werden. Aber Bemerkungen wie „Ich plane am ... das Gespräch" oder „Die Schüler zeigen sich kooperativ!" sind erlaubt. Selbstverständlich gilt trotz der spärlichen Informationen auch für diese Kollegen das Gebot der Verschwiegenheit.

⇨ Mit welcher Haltung sollte das Gespräch geführt werden?

Im Gegensatz zur Mediation, in der – wie oben bereits beschrieben – der Gesprächsführende allparteilich bzw. neutral zu sein hat, ist in diesem Gespräch Parteinahme gefordert. Es ist unvermeidlich, auf der Seite des Gemobbten zu stehen und sich in seine Lage einzufühlen. Nur mit einer zutiefst empathischen Haltung lässt sich das Gegenüber emotional erreichen und sein Vertrauen erlangen. In diesem Gespräch ist es zudem hilfreich, sehr genau die Körpersprache des Gegenübers zu beachten. Anfänglich kann sie sehr geschlossen sein, Angst und Unbehagen können die Haltung prägen, der Blick ist vielleicht nach unten gerichtet. Wenn die Haltung des Kindes sich in Richtung Öffnung wandelt, öffnet sich meistens auch sein Inneres, und der erste Schritt auf einem gemeinsamen Weg ist getan.

KOHL VERLAG Mobbing ... die etwas andere Gewalt - Bestell-Nr. 12 038

B Praktischer Teil

1. Das Gespräch mit dem Gemobbten

Planung

⇨ Welches Ziel hat das Gespräch?

Das Ziel des Gesprächs mit dem Gemobbten ist es, herauszufinden, ob Mobbing tatsächlich sein Problem ist, und wenn ja, ihn zu bejahen, „entgegenzunehmen", ihm Vertrauen zu vermitteln und seine Zustimmung für das Gespräch mit der Unterstützergruppe einzuholen. Letzteres ist nur möglich, wenn die Voraussetzungen stimmen, d. h. wenn der Gemobbte wirklich Vertrauen gefasst hat und sich vorstellen kann, dass sein Gesprächspartner ihm tatsächlich Gutes will und so viel Zuversicht ausstrahlt, dass er sich darauf einlassen kann.

Gesprächsverlauf

- Begrüßung/Vertrauensbildung
- Beobachtung mitteilen/Befindlichkeit erfragen
- Ermutigung geben/Einverständnis für Veränderung der Situation einholen
- Unterstützergruppenansatz erläutern/Einverständnis zur Durchführung einholen
- Potenzielle Mitglieder der Unterstützergruppe erfragen
- Klären, was nicht gesagt werden darf
- Befindlichkeit erfragen/Unterstützung zusichern
- Termin für Nachgespräch vereinbaren
- Nachtreffen: Situation (Stand der Dinge) erfragen

Ein standardisierter Gesprächsleitfaden der obigen Kurzfassung und der nachfolgenden ausführlichen Gesprächsbeschreibung findet sich im Anhang A 8, Seite 88-89.

Ein Begleitbogen, auf dem sich der Gesprächsführende Notizen zum Verlauf des Gespräches machen kann, ist ebenfalls im Anhang zu finden: A 9, Seite 90.

⇨ Begrüßung/Vertrauensbildung

Die Begrüßung sollte freundlich oder herzlich sein. Die Eröffnung des Gesprächs könnte lauten: „Schön, dass du meiner Einladung gefolgt bist und bereit bist, mit mir zu reden!" „Das Gespräch, das wir hier führen, bleibt auf jeden Fall unter uns." „Du kannst ganz offen alles erzählen, auch wenn es andere Schüler betreffen sollte, die vielleicht etwas falsch gemacht haben. Ich verspreche dir ganz fest, dass ihnen nichts passieren wird, sie werden nicht einmal erfahren, dass wir ein Gespräch hatten."

Die Versicherung, „dass ihnen nichts passieren wird", ist äußerst wichtig für den Gemobbten. Denn er weiß aus Erfahrung, dass jede Beschuldigung oder Bestrafung seiner Peiniger zu einer Eskalation führen kann, die er wiederum zu spüren bekommt.

B Praktischer Teil

1. Das Gespräch mit dem Gemobbten

Gesprächsverlauf

⇨ Beobachtung mitteilen/Befindlichkeit erfragen

In dieser Phase schildert der Gesprächsleiter, was er gehört hat, was er über die Situation des Gemobbten bereits weiß. Achtung: Hier geht es vorrangig um dessen Befindlichkeit und weniger um jeden einzelnen Vorfall des Mobbinggeschehens. Diese Phase kann so eingeleitet werden: „Ich habe/Soundso hat beobachtet, dass du des Öfteren alleine bist", „dass du sehr still geworden bist", „dass du des Öfteren fehlst", „dass du traurig wirkst. Habe ich/hat Soundso das richtig beobachtet?" „Wie geht es dir?" „Wie fühlst du dich?" „Wie kommst du mit deinen Klassenkameraden klar?" „Das nimmt dich sehr mit, ja?" „Kann es sein, dass dich das doch mehr mitnimmt als du zeigen magst?" „Du lachst zwar, aber eigentlich findest du das gar nicht so lustig, oder?"

Dies sind mögliche Fragen, die natürlich entsprechend dem Alter, der Situation des Schülers und anderer Umstände abgeändert werden können.

Dann bittet der Gesprächspartner den Gemobbten darum, dass er seine Sicht der Dinge erzählt bzw. die bisher gemachten Ausführungen ergänzt. Auch hier geht es nicht primär um ein Sammeln von Fakten, sondern im Fokus steht, wie der Schüler sich bei all dem **fühlt**.

Vielfach sind derartig geplagte Kinder wortkarg. Oft genug haben sie erlebt, dass man sie nicht hört, sie übergeht. Solche Erfahrungen mögen sie bereits mit Mitschülern, Lehrern, aber oft auch mit den eigenen Eltern gemacht haben. Manche Kinder haben auch erlebt, dass man ihnen unbrauchbare Ratschläge gibt, wie zum Beispiel: "Du solltest dich mehr anpassen!" - „Du solltest dich wehren!"

Wenn der Schüler beginnt zu erzählen, ist es wichtig, ihn nicht zu unterbrechen, aufmerksam und zugewandt zuzuhören und ihn immer wieder zu bestätigen, zum Beispiel indem man feststellt: „Ich glaube, wenn mir so etwas passiert wäre, dann wäre ich sehr traurig!" Oder: „Ich kann mir vorstellen, dass du das als sehr unfair empfindest!"

Wie weiter oben geschildert ist in dieser Gesprächsphase ein deutliches Partei-Ergreifen nicht nur sinnvoll, sondern sogar erwünscht. Um nichts zu vergessen und auch um dem Schüler die Bedeutung seiner Aussagen zu signalisieren, kann man die wichtigsten Informationen mit seiner Zustimmung notieren und weitere behutsame Fragen stellen. Spätestens am Ende des Gesprächs ist es hilfreich, die Aussagen des gemobbten Schülers zu spiegeln[24], zum Beispiel mit der Frage: "Habe ich dich richtig verstanden, dass .....?"

⇨ Ermutigung geben/Einverständnis für Veränderung der Situation einholen

Wenn der Schüler dann langsam, zuerst punktuell, dann hoffentlich bleibend Blickkontakt mit dem Gesprächspartner aufnimmt, ist ein erstes wichtiges Ziel erreicht, und es kann ganz vorsichtig einen Schritt weitergegangen werden, in dem nun Hilfe angeboten wird. Dies kann so eingeleitet werden: „Deine Situation ist sehr schlimm! Aber ich möchte dir Hilfe anbieten." Oder mit der Frage: „Möchtest du, dass sich die Situation für dich verbessert?" Oder: „Was wünschst du dir anders?" Es empfiehlt sich hier, kleine Schritte zu gehen, zu ermuntern, aber auf keinen Fall zu forcieren.

[24] "Spiegeln" ist eine Technik aus der Gesprächstherapie von Rogers, üblich auch in der Mediationspraxis, bei der man das Gesagte einfühlsam zusammenfasst und den Gesprächspartner bittet, dies zu bestätigen.

B Praktischer Teil

1. Das Gespräch mit dem Gemobbten

Gesprächsverlauf

⇨ Unterstützergruppenansatz erläutern/Einverständnis zur Durchführung einholen

In der Regel weiß der Schüler nicht, was sich hinter dem Begriff „Unterstützergruppen-Ansatz“ verbirgt. Und wir als Gesprächspartner müssen uns vergegenwärtigen, dass wir es in der Mehrzahl der Fälle mit jemandem zu tun haben, der schon vieles versucht hat, um aus seiner bedauernswerten Situation herauszukommen und der immer wieder gescheitert ist. Das kann zum Beispiel auch daran liegen, dass die Mobber ständig ihre Strategie geändert haben. Was sie heute postulieren, verstößt - je nach Laune - morgen gegen ihre selbstgewählten Regeln und Normen. Manchmal sind sie sogar freundlich zu dem bis dahin geplagten Kind, und dann wieder grausam. Sie sind für den Gemobbten unberechenbar. Er hat also bereits unzählige Enttäuschungen und Demütigungen erlebt.

Wenn nun jemand von einer Methode spricht, die helfen soll, ist das für den Betroffenen schwer vorstellbar. Hier sollte mit sehr viel Einfühlungsvermögen, aber auch altersgerecht versucht werden, dem Gemobbten den Ansatz zu erklären. Zum Beispiel mit den Worten: „Ich möchte dir eine Vorgehensweise vorstellen, die anderen Schülern, denen Ähnliches passiert ist, sehr geholfen hat. Dann kannst du entscheiden, ob du dich auch darauf einlassen möchtest. Ich möchte sie dir einmal kurz erläutern.

Wir können eine Unterstützergruppe bilden, d. h. eine Gruppe von Mitschülern, die wir einladen und mit denen ich gemeinsam Ideen entwickeln werde, wie sich die Situation für dich verbessern kann, wie die Schüler sich dir gegenüber so verhalten könnten, dass es nicht nur dir, sondern ihnen auch besser geht. Über Mobbing werden wir nicht sprechen und es wird auch niemand angeschwärzt. Ich werde nichts von dem weitererzählen, was wir hier besprochen haben. Niemand wird bestraft.

Kannst du dir das in etwa vorstellen? Hast du noch Fragen dazu?“

Der Gesprächsführende kann hier ermutigen, es sollte aber auch deutlich werden, dass kein 100%iger Erfolg garantiert werden kann. Da wir aber aus Erfahrung wissen, dass sich in den meisten Fällen die Situation verbessert hat, lässt sich dies mit großer Überzeugung vorbringen.

Wichtig ist es, keinen Druck auszuüben. Dem Schüler muss die benötigte Zeit gegeben werden, um eine Entscheidung zu treffen. Auch hier gilt das mediative Prinzip der Freiwilligkeit. Mancher gemobbte Schüler wird seine Zweifel äußern; er kann sich jedoch noch nicht sofort entscheiden. Dann ist es möglich, ihn zu ermutigen, das Ganze nochmals zu überdenken. Es kann ihm vorgeschlagen werden, bei Bedarf auch mit den Eltern oder anderen Vertrauten darüber zu beraten und dann Rückmeldung zu geben. Das kann am nächsten Tag sein, in einer Woche oder - wie uns eine Kollegin berichtete - erst nach zwei Monaten.

Der Gemobbte ist der Souverän des Prozesses, er entscheidet und nicht der besorgte Pädagoge. Auch für diesen selbst wirkt sich ein Gespräch mit dem Ziel, unbedingt die Zustimmung zu erlangen, unvorteilhaft aus. Der Erfolgsdruck kann die Einfühlung beeinträchtigen. Und der Schüler erlebt, was er gewöhnt ist: Der Lehrer möchte etwas von ihm, und das kann seine Entscheidung negativ beeinflussen.

In dieser Gesprächsphase ist es daher auch sinnvoll, dem Schüler anzubieten, dass er jederzeit Kontakt aufnehmen kann. Dazu können Kontaktdaten angegeben werden. Wir haben die Erfahrung gemacht, dass dies nicht missbraucht wird.

B Praktischer Teil

1. Das Gespräch mit dem Gemobbten

Gesprächsverlauf

Sollten im Anschluss an das Gespräch besorgte Eltern anrufen, kann es notwendig sein, auch ihnen das No Blame-Verfahren zu erklären, falls sie es nicht aus den Elternabenden und aus Gesprächen mit anderen Eltern bereits kennen. Schulen, die den No Blame-Ansatz implementiert haben, verfügen in der Regel auch über schriftliche Informationen dazu, die den Eltern zur Verfügung gestellt werden können (vgl. auch das Kapitel Implementierung).

Eltern, die das Verfahren nicht kennen, sollten entsprechend informiert werden. Auf jeden Fall sollte ihnen erklärt werden, warum es ungünstig ist, selbst aktiv zu werden. Stattdessen kann man ihnen vorschlagen, ihrem Kind Mut zu machen, um das geplante Unterstützergruppen-Gespräch nicht zu gefährden. Es kann vorkommen, dass Eltern kein Vertrauen in das Vorgehen haben. Dennoch gelingt es in den meisten Fällen, sie von dem No Blame-Ansatz zu überzeugen, um ihr Kind vor noch Schlimmerem zu bewahren.

Hat sich der Gemobbte entschieden, dass wir das Unterstützergruppen-Gespräch führen dürfen, folgt der nächste Schritt.

⇨ Potentielle Mitglieder der Unterstützergruppe erfragen

Das Ziel dieser Phase des Gesprächs ist es, vom Gemobbten die potentiellen Mitglieder der sogenannten Unterstützergruppe zu erfragen. Diese sollte aus ca. 6-8 Personen bestehen und möglichst paritätisch aus Tätern und anderen Mitgliedern der Klasse zusammengesetzt sein. In Ausnahmefällen können es auch mehr Schüler werden, zum Beispiel wenn die Anzahl der mobbenden Schüler sehr hoch ist. Denn dann muss durch die entsprechende Anzahl anderer nicht mobbender Schüler ein Gegengewicht geschaffen werden.

Die Gruppe wird gemeinsam mit dem Gemobbten zusammengestellt. Es geht also zunächst darum, vom Gemobbten zu erfahren, welche Schüler die Mobber sind und welche seine Assistenten. Die sogenannten Täter müssen alle einbezogen werden. Auch dieses Vorgehen entspricht einem mediativen Grundsatz, nämlich dem, der besagt, dass es in einem Konflikt aller Beteiligten bedarf, um eine nachhaltige Lösung zu finden.

Ein mobbender Schüler, der den Prozess des Unterstützergruppen-Gesprächs nicht miterlebt hat, mag zwar feststellen, dass sich einiges in der Interaktion innerhalb der Gruppe verändert hat, aber er wird kaum motiviert sein, seine Mobbing-Handlungen in Zukunft aufzugeben.

Als nächstes wird nun der Gemobbte gefragt, welche Schüler evtl. als seine „Unterstützer“ angesehen werden könnten. Das sind diejenigen Schüler, von denen er weiß, dass sie mit dem Verhalten der anderen nicht einverstanden sind, sich aber bisher nicht „aus der Deckung“ getraut haben aus Angst, das nächste Opfer zu sein. Zudem sollten solche Schüler einbezogen werden, die aus Lehrersicht „sozial kompetent“ sind oder die der Klassenlehrer oder der Gemobbte selbst als solche ansieht. Es geht in dieser Phase darum, dies möglichst sensibel zusammen mit dem Mobbing-Opfer herauszufinden.

Wie erwähnt, ist eine „paritätische“ Aufteilung der Gruppe nach mobbenden und unterstützenden Schülern wichtig. Das bedeutet, dass bei einer Nennung von fünf Mobbern möglichst auch fünf andere Klassenmitglieder eingeladen werden, die definitiv nicht dazu gehören, vor allem die, die einen positiven Einfluss auf die Klasse ausüben.

B Praktischer Teil

1. Das Gespräch mit dem Gemobbten

Gesprächsverlauf

Der Klassensprecher zum Beispiel kann aufgrund seines Amtes ein konstruktives Mitglied der unterstützenden Schüler sein.

Um das in dem beschriebenen Sinn bewerkstelligen zu können, benötigt der Gesprächsführende „Insiderwissen", das einerseits aus dem Gespräch mit dem gemobbten Kind hervorgeht, andererseits aber auch bereits im Vorfeld im Gespräch mit dem Klassenlehrer erfragt wurde. Dabei liegt der Schwerpunkt auf der Frage, welche „sozial kompetenten" Schüler der Klasse für die Gruppenzusammensetzung in Frage kommen.

Im Gespräch mit dem Gemobbten lauten daher die Fragen zum Beispiel: „Wer ärgert dich am meisten?" „Wer hält noch zu dir?" „Wer sitzt neben dir?" „Wer arbeitet gerne mit dir zusammen?" „Von wem weißt du, dass er nicht einverstanden ist mit dem, was bei euch los ist?" „Auf wen hört die Klasse?" „Wer ist euer Klassensprecher?" „Wen möchtest du sonst noch gerne dabei haben?"

Es kann vorkommen, dass ein Mobbing-Opfer Schüler benennt, an die man nicht gedacht hat bzw. die nicht vom Klassenlehrer benannt wurden. Nicht jeder Klassenlehrer kennt seine Klasse so gut (evtl. auch abhängig von der Zeit, die er mit der Klasse bereits verbracht hat), aber oftmals ist selbst für einen Klassenlehrer die innere soziale Struktur seiner Klasse undurchschaubar.

So wünschte sich Daniela Niklas in die Unterstützergruppe, weil sie sein selbstbewusstes Auftreten so bewunderte. Niklas konnte nur ganz mäßig Fußball spielen und entgegnete auf die Hänseleien der anderen: „Es kann doch nicht jeder Ronaldo sein!" So viel Schlagfertigkeit wünschte sie sich auch für sich selbst. Niklas ist daher selbstverständlich Teil der Unterstützergruppe.

⇨ Klären, was nicht gesagt werden darf

George Robinson und Barbara Maines schlagen in ihrem Ansatz vor, nach denjenigen Dingen zu fragen, die der Gesprächsführende in keiner Weise, auch nicht als Anwalt des Gemobbten, in irgendeiner Form erzählen darf. Auch wenn es kaum vorkommt, dass Kinder solche Tabu-Themen benennen, sollte die Frage trotzdem gestellt werden. Denn auch hier hat der Gemobbte als „Souverän" des Prozesses die Möglichkeit der Mitgestaltung. Und es gibt tatsächlich Ausnahmen.

Beispiel für solche Tabu-Themen könnten solche sein, die uns in unserer Zeit als Gesprächsleiter benannt wurden, zum Beispiel die Situation eines Schülervaters, der seit einem Auto-Unfall im Rollstuhl sitzt und von seiner Tochter zuhause intensiv mitbetreut wird. Dass sie deswegen nachmittags nicht besucht werden möchte oder auch wenig mit den anderen Kindern zusammen unternimmt, soll nicht erzählt werden. Es ist ihr unangenehm. Oder wir erfuhren von einer ähnlichen Situation einer anderen Schülerin, der ältesten von fünf Geschwistern, die nicht wollte, dass bekannt wurde, dass sie auf die jüngeren Geschwister aufpassen musste und deshalb keine Zeit hatte, bei den diversen Aktivitäten der anderen mitzumachen.

Sprechen gemobbte Kinder solche Tabus klar aus, empfiehlt sich auch hier ein kurzes Spiegeln, um Missverständnisse zu vermeiden. Dem Gemobbten wird zugesichert, dass sein Wunsch selbstverständlich berücksichtigt wird.

B Praktischer Teil

1. Das Gespräch mit dem Gemobbten

Gesprächsverlauf

⇨ Befindlichkeit erfragen/ Unterstützung zusichern

Meist signalisiert die Körpersprache schon im Verlauf des Gesprächs ein vorsichtiges Offen-Werden. Jetzt aber kann der Zeitpunkt gekommen sein, dies auch in Worte zu fassen. Nach einer kleinen Pause, in der es gilt, den Blickkontakt des Schülers zu suchen und zu warten, bis er den Blick erwidern kann, ist es ganz wichtig zu fragen: „Wie geht es dir **jetzt**?"

Hier sollte abgewartet, evtl. auch Stille zugelassen werden, damit der Schüler seinen eigenen Emotionen nachspüren kann. Wenn er dann erwidert: „Mir geht es immer noch nicht gut, aber besser als vorhin. Wir können es ja mal versuchen", dann ist diese Aussage nicht zu unterschätzen. Zunächst erscheint dies dann wie ein vermeintlich kleiner Schritt, aber es ist der Beginn von etwas verloren Geglaubtem. Wenn ein Schüler, der viel ertragen musste, jetzt aktiv „Ja" sagen kann, dann bedeutet das auch: „Ich will nicht mehr alles über mich ergehen lassen, ich will wieder selbst bestimmen. Ich brauche zwar noch Hilfe, aber die nehme ich an, weil ich hoffe, dass es klappt!"

Mit dieser Einstellungsänderung ist bereits viel erreicht für den Schüler selbst, der zum ersten Mal einen Hoffnungsschimmer hat, dass sein Leiden vielleicht beendet wird, aber auch für den Gesprächsleiter, der somit „grünes Licht" für das weitere Vorgehen erhalten hat. Es ist für beide ein Gefühl der Sicherheit entstanden, dass mit dem Ansatz weitergearbeitet werden kann. Und es ist eine Zuversicht entstanden, dass das Mobbing mit Hilfe des Unterstützergruppen-Gesprächs gestoppt werden kann.

Das gelungene Gespräch mit dem Gemobbten ist somit der notwendige Impuls für den Gesprächsführenden, den Mobbern nun entschlossen und mit einer sehr klaren **Haltung** gegenüberzutreten. So bieten im gewissen Sinne die einzelnen Schritte des No Blame-Ansatzes quasi das „Gerüst", an dem man sich entlang arbeiten kann, ganz so, wie George Robinson es in seinem Vorwort beschreibt.

Zum Abschied sollte der Schüler nochmals darauf hingewiesen werden, dass er seinen Gesprächspartner jederzeit ansprechen kann, sei es in der Schule oder auch telefonisch. Diese Sicherheit ist für den Schüler unverzichtbar.

⇨ Termin für Nachgespräch vereinbaren

Anschließend wird noch ein **fester Termin** für ein Nachgespräch vereinbart, der für einen Zeitpunkt nach dem Unterstützergespräch anberaumt werden sollte.

⇨ Nachtreffen: Situation (Stand der Dinge) erfragen

Der Gesprächspartner fragt den Schüler, wie es ihm mittlerweile geht und was sich getan hat. Aus seinen Äußerungen entnimmt er, wie gut die Unterstützergruppe ihre Vorschläge (s. Kapitel 4.2) umgesetzt hat und ob Nachbesserungen nötig sind. Für dieses und für alle weiteren Gespräche mit dem Gemobbten gilt die oben beschriebene einfühlsame, empathische Haltung. Zuhören und Raum geben stehen im Vordergrund, Fortschritte - auch noch so kleine - sollten lobend erwähnt und positive Ansätze betont werden. Der Prozess muss durch Interesse und Kontakt mit dem Gemobbten in Gang gehalten werden, für den vor allem **kleine** positive Veränderungen im Verhalten der Gruppe **große** Schritte darstellen können.

B Praktischer Teil

2. Das Unterstützergruppengespräch

Planung

Ist das Gespräch mit dem Gemobbten erfolgt und hat dieser zugestimmt, dass ein Gespräch mit einer Unterstützergruppe geführt werden soll, dann gilt es sorgfältig und hinter verschlossenen Türen zu planen.

Als erstes empfiehlt es sich, Einsicht in den Stundenplan der Klasse zu nehmen: Welche Stunde eignet sich, wann läuft man nicht Gefahr, dass eine Klassenarbeit vorbereitet oder geschrieben wird? Die entsprechenden Kollegen werden dazu befragt.

In dieser Phase ist es vor allem aber ratsam, das ganze Vorhaben möglichst geheim zu halten. Auf Fragen besorgter Kollegen oder Eltern sollte man eher allgemein reagieren. Zuhören ja, aber keine Details verraten. Es könnte zum Beispiel geantwortet werden: „Wir unternehmen zeitnah etwas. Bitte vertrauen Sie uns! Lassen Sie uns den Raum, pädagogisch zu agieren!“

Unsere langjährige Erfahrungen mit dem No Blame-Ansatz haben gezeigt, dass es taktisch klug ist, auf den Überraschungseffekt zu setzen. Dadurch vermeiden wir, dass die Mobber Strategien entwickeln, wie sie sich im Gespräch verhalten könnten bzw. dass sie sich vorher absprechen. Denn ihre größte Sorge ist es, die Kontrolle über die Gruppe und somit ihre eigene Macht-Position zu verlieren und in eine Verteidigungshaltung zu geraten.

Für die Gesprächsrunde mit der Unterstützergruppe eignet sich ein geschützter Raum[25] mit einem großen Tisch, versehen mit Stiften und Schreibpapier und der passenden Anzahl von Stühlen.

Bei diesem Gespräch ist der Gemobbte nicht anwesend, sondern wird durch den Gesprächsführenden vertreten. Um den Gemobbten aber dennoch einzubeziehen, wird neben dem Stuhl des Gesprächsführenden ein freier Stuhl bereitgehalten. Das ist der Stuhl des abwesenden Gemobbten, auf den sich der Gesprächsleiter oder ein anderer aus der Runde bei Bedarf setzen kann, um sich in die Gefühlslage des Gemobbten hineinzuversetzen bzw. der beim sogenannten „Perspektivwechsel“ genutzt werden kann.

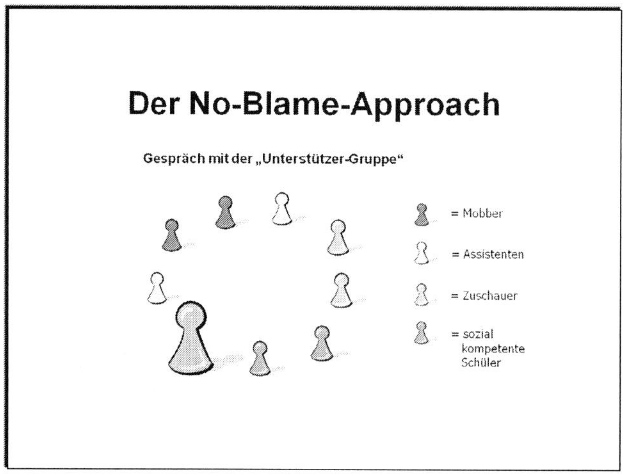

[25]Der Raum sollte möglichst durch andere am Schulleben Beteilgte nicht einsehbar sein und auch nicht frequentiert werden. An Schulen, die die Streitschlichtung als Projekt installiert haben, eignet sich der Schlichtungsraum.

B Praktischer Teil

2. Das Unterstützergruppengespräch

Planung

⇨ Wie bereitet man sich mental auf das Gespräch vor?

In unseren Trainings werden wir oft von den Teilnehmern gefragt: „Wie bereite ich mich mental auf das Gespräch vor? Was ist unverzichtbar?" Aus unserer Sicht ist eine klare, konsequente Haltung unverzichtbar, eine, die signalisiert, dass wir wissen, was vorgefallen ist, ohne dies jedoch anzusprechen. Die Beteiligten erhalten das Signal, dass das Geschehene bekannt ist und dass sich eine Veränderung anbahnt.

Neben dieser konsequenten Haltung spielen im Unterstützergruppen-Gespräch **Respekt, Wertschätzung und Vertraulichkeit** eine zentrale Rolle. Gegenseitiger **Respekt** bedeutet einerseits, dass der Gesprächsführende den Anwesenden mit Achtung und nicht mit Herablassung begegnet und diese Haltung auch bei Ausfälligkeiten seitens der Schüler nicht verliert, sondern auch, dass er in einer hitzig werdenden Debatte der Schüler an die Gesprächsregeln erinnert. Damit werden die anwesenden Schüler ebenfalls angehalten, respektvoll zu sein und die Gesprächsregeln einzuhalten.

Mit **Wertschätzung** ist gemeint, dass der Gesprächsführende den Schülern mit einer interessierten und zugewandten Haltung begegnet und sie gegebenenfalls auch auffordert, sich ebenfalls so zu verhalten und geringschätzige Äußerungen zu unterlassen. Am hilfreichsten ist in dieser Situation unserer Erfahrung nach aber das Vorbild, das wir als Gesprächsleitung selbst abgeben (vgl. auch das Kapitel zur mediativen Grundhaltung).

Vertraulichkeit bedeutet in diesem Zusammenhang, dass die Anwesenden die Sicherheit bekommen müssen, dass ihre Äußerungen nicht weitergetragen bzw. gegen sie verwandt werden. Es ist daher auch kein Widerspruch, dass das Mobbing, das bisher im Verborgenen stattgefunden hat, durch die Einladung eines Lehrers zum Gespräch nun bekannt geworden ist.

Um auf das Bild der Schaubühne zurückzukommen, ist nämlich Folgendes passiert: Der Vorhang ist weggezogen und die Bühne ist frei einsehbar. Das baut zwar Druck bei den beteiligten Schülern auf, gleichzeitig erfahren sie aber, wie sehr ihre Mitarbeit an dem anstehenden Problem geschätzt wird und sie werden auf diese Weise zu einer konstruktiven Beteiligung motiviert. Dies führt dazu, dass die Beteiligten sich von dem anfänglichen Druck, der möglicherweise auf ihnen gelastet hatte, bald befreit fühlen.

⇨ Um welche Inhalte geht es in dem Gespräch?

Im Unterstützergruppen-Gespräch geht es primär darum, die Beteiligten – möglichst zusammengesetzt aus Mobbern und deren Assistenten sowie auch aus einigen sozial engagierten und evtl. auch scheinbar unbeteiligten Schülern dazu zu bringen, **Verantwortung** für ihr Handeln zu übernehmen.

Damit sie ihr Verhalten und ihre Einstellung ändern und konstruktive Lösungsvorschläge entwickeln können, benötigen die „eingeladenen" Schüler Raum, Zeit und Hilfe. Unabdingbare Voraussetzung dafür ist, dass sie sich durch die **konsequente und wertschätzende Haltung des Gesprächsführenden** entlastet fühlen. Nur so können sie kooperieren und nur so kann sich die Situation für den Gemobbten verbessern.

B Praktischer Teil

2. Das Unterstützergruppengespräch

Planung

Und nicht nur für den Gemobbten: Zusätzlich wird für die gesamte Gruppe, die – wie beschrieben – durch das Mobbing „infiziert“ und somit im sozialen Sinne „krank“ geworden ist, durch das Gespräch der Weg zur „Heilung“ vorbereitet. Es geht demnach auch – und das ist ein vielfach unterschätztes Ziel des Unterstützergruppen-Gesprächs – um die Mobilisierung der **Selbstheilungsprozesse** innerhalb der sozialen Gruppe.

Denn: Als systemisches Geschehen ist Mobbing nicht nur das Problem des Gemobbten, sondern in gleichem Maße das Problem der gesamten Gruppe, in der es stattfindet.

⇨ Welche Botschaft soll vermittelt werden?

Im Unterstützergruppen-Gespräch ist die wichtigste Botschaft, die konsequent und wiederholt durch die Haltung des Gesprächsführenden signalisiert werden muss, dass niemand beschuldigt oder angeklagt wird. Im Gegenteil: Die anwesenden Vertreter der Klasse werden als „Hilfsexperten“ betrachtet, die das Know-How haben, das Mobbing unter Anleitung des Experten zu stoppen.

Diese Botschaft muss den Beteiligten durch wiederkehrende Anmerkungen des Gesprächsführenden deutlich gemacht werden. Es soll vermittelt werden, dass sie diejenigen sind, mit deren Hilfe eine Veränderung der Situation herbeigeführt werden kann. Da Schüler bei Fehlverhalten in der Regel nur solche Gespräche kennen, in denen sie bezichtigt, ermahnt und bestraft werden, dauert es oftmals eine Weile, bis sie erkannt haben, dass es hier ohne Schuldzuweisung zugeht und dass sie selbst eine wichtige Rolle bei der Lösungssuche des Problems spielen können bzw. dass dieses sogar erwünscht ist.

⇨ Welche Ziele hat das Gespräch?

Wie bereits ausgeführt, geht es uns in erster Linie darum, das Mobbing in der jeweiligen Gruppe zu stoppen. Da unser Ansatz – wie betont – nicht mit Beschuldigungen und Bestrafungen arbeitet, muss es das Ziel sein, die mobbenden Schüler auf eine andere Art und Weise zur Einsicht zu bringen, eine, die sie weder demütigt, noch in ihnen Rachegefühle schürt. Da wir fest davon überzeugt sind, dass auch diese Schüler kooperieren würden, wenn sie einen Weg sähen, müssen wir darauf abzielen, ihnen diesen Weg aufzuzeigen. Die Frage lautet: Wie können sie aus der Mobbing-Sache herauskommen, ohne ihr Gesicht zu verlieren?

Wir haben die Erfahrung gemacht, dass die meisten dieser mobbenden Kinder und Jugendlichen wie alle anderen Bestätigung brauchen, die sie bisher auf eine unvorteilhafte Weise gesucht und leider auch gefunden haben. Unser Ziel muss daher sein, sie an konstruktiven Lösungen mitarbeiten zu lassen, indem wir ihnen vor Augen führen, dass nicht nur das oder die Mobbing-Opfer ein Problem haben, sondern die gesamte Gruppe. Es muss ihnen deutlich gemacht werden, dass niemand sich wirklich wohl und sicher fühlen kann, wenn Übergriffe stattfinden und sie selbst auch Opfer sein könnten - etwas, das im Übrigen viele mobbende Kinder und Jugendliche bereits erlebt haben und insgeheim befürchten.

B Praktischer Teil

2. Das Unterstützergruppengespräch

Gesprächsverlauf in 6 Schritten

- Begrüßung
- Vertraulichkeit zusichern/an Gesprächsregeln erinnern
- Beobachtung mitteilen/Situation darlegen
- Sammlung von Ideen und Vorschlägen
- Übergabe der Verantwortung/Dank an die Gruppenmitglieder für ihre Mitarbeit
- Einzeltreffen mit den Gruppenmitgliedern

Ein standardisierter Gesprächsleitfaden der obigen Kurzfassung und der nachfolgenden ausführlichen Gesprächsbeschreibung findet sich im Anhang A 10, Seite 91-93.

Ein Beobachtungsbogen, auf dem sich der Gesprächsführende Notizen zum Verlauf des Gespräches machen kann, ist ebenfalls im Anhang A 11, Seite 94 abgelegt.

Die 6 Schritte der Gesprächsführung müssen für ein erfolgreiches Ziel eingehalten werden. Der Exkurs „Empathieförderung" ist eine wichtige Dimension, die sehr hilfreich ist, um evtl. verhärtete Situationen aufzulockern.

Im Unterstützergruppen-Gespräch ist die Vorbereitung teilweise eine logistische Herausforderung, da die Teilnehmenden aus der Gruppe/Klasse herausgenommen werden müssen, ohne dass sie vorher informiert worden sind.

In der mit den Fachlehrern verabredeten Unterrichtsstunde werden die ausgewählten Schüler vom Gesprächsleiter selbst aus dem Unterricht geholt. Das sollte kurz nach Beginn der Unterrichtsstunde stattfinden. Die Ansprache nach Betreten des Klassenraums durch den Gesprächsleiter lautet in etwa so: „Ich möchte mich mit einigen von euch unterhalten und bitte diejenigen, kurz mit mir mitzukommen!"

Beim Nennen der Namen der ausgewählten Schüler sollte so vorgegangen werden, dass zunächst die „unverfänglichen" Schüler aus der Gruppe der Mitläufer und Zuschauer benannt werden und erst anschließend die mutmaßlichen Assistenten und aktiven Mobber. Vor der Klasse gehen wir nur vage auf Fragen irgendwelcher Art ein. Auf Nachfragen kann geantwortet werden: „Es gibt in dieser Klasse ein Problem, und ich bin ganz sicher, dass die Eingeladenen mir helfen können, das Problem zu lösen!" Besser noch ist allerdings zu antworten, dass sie es in Kürze erfahren werden. Das vermeidet auch weitere Unruhe und Spekulationen in der verbleibenden Gruppe.

Die nun folgende Phase, in der die Schüler den Gesprächsleiter in den vorbereiteten Raum begleiten, ist immer höchst spannend. Neugier, Verwunderung, aber auch Ungewissheit vor dem, was kommt, vielleicht auch ein wenig Beklemmung, sind in der Regel zu beobachten. Das alles ist aber bereits der Einstieg und somit fester Bestandteil des Prozesses, der in Gang gesetzt werden soll.

⇨ Begrüßung

Erst im Raum, wenn alle Platz genommen haben, beginnt das Gespräch zum Beispiel so: „Ich danke euch für die Bereitschaft, mit mir zu reden! Es wäre schön, wenn ihr mir noch einmal eure Namen verraten würdet!" Für den Fall, dass man als Gesprächsleiter die Schüler nicht kennt, kann man sie bitten, Namenskarten auszufüllen und vor sich hinzustellen.

KOHL VERLAG Mobbing ... die etwas andere Gewalt - Bestell-Nr. 12 038

B Praktischer Teil

2. Das Unterstützergruppengespräch

Gesprächsverlauf in 6 Schritten

⇨ Vertraulichkeit zusichern/an Gesprächsregeln erinnern

Als eine Art Vorwort lässt sich zum Beispiel formulieren: „Ich möchte euch vorab versichern, dass dieses Gespräch von mir absolut vertraulich geführt wird. Was ihr mir sagt, gebe ich nicht weiter! Und ich bitte euch, im Gespräch die Regeln einzuhalten, die ihr aus der Klasse und von der Streitschlichtung (falls an der Schule implementiert) kennt: Ausreden lassen, nicht beschimpfen, zuhören.“ Diese Regeln liegen als optische Unterstützung auf dem Tisch oder hängen sogar an der Wand, wie dies beispielsweise in den sogenannten „Schlichtungsräumen“ üblich ist.

Der Gesprächsleiter fragt die Schüler sodann: „Bevor ich zum eigentlichen Anlass des Gesprächs komme, bin ich aber erst einmal interessiert zu hören, wie es euch geht.“

Die Schüler haben nun Gelegenheit sich kurz zu äußern. Oft erfolgt dies in Form von Fragen der Art, warum sie denn überhaupt eingeladen worden seien. Es ist nicht zu erwarten, dass sie sich hier schon detailliert äußern, aber diese Frage dient dazu, dass sie sich geschätzt und wahrgenommen fühlen. Sie hat auch den Sinn, diejenigen Anwesenden vom „Bestrafungs“-Druck zu befreien, die womöglich aufgrund ihrer Mobbing-Taten mit schlechtem Gewissen in der Runde sitzen. Die Frage muss selbstverständlich von echtem Interesse an den Schülern getragen sein. Aber wenn wir uns vor Augen führen, dass dort Kinder und Jugendliche sitzen, die ggfs. selbst große Probleme mit sich herumtragen, dürfte dies eigentlich nicht schwer fallen.

⇨ Beobachtung mitteilen/Situation darlegen

Eine mögliche Einstiegsfrage könnte so lauten:

*„So wie ich das herausgehört habe, fühlt ihr euch in der Schule wohl. Und wir Lehrer sind der Meinung, dass **jeder Schüler** das Recht hat, sich an unserer Schule wohl zu fühlen.“*

Nach einer kurzen Pause kommt man zum eigentlichen Inhalt des Gesprächs: *„Uns Lehrern ist aufgefallen, dass es jemanden in eurer Klasse gibt, dem es absolut nicht gut geht. Und wenn es in einer Klasse so etwas gibt, dann stimmt doch ganz sicher etwas nicht mit der Klassengemeinschaft. Ich habe euch zu diesem Gespräch gebeten, weil ich der festen Überzeugung bin, dass ihr die Richtigen seid, die an dieser Situation etwas ändern können.*

*Mir ist noch wichtig, dass ihr wisst: Mir geht es nicht darum, zu erfahren, **was passiert ist, sondern welche Wege wir finden können, damit die Situation sich verbessert.**“*

B Praktischer Teil

2. Das Unterstützergruppengespräch

Gesprächsverlauf in 6 Schritten

Der Begriff „Mobbing“ wird nicht erwähnt!

In der Regel folgt dann zunächst ein betretenes Schweigen oder es fallen Bemerkungen wie: „Wir haben nichts getan!“ oder „Haben Sie auch mal mit der ..., dem ... (Namen des Gemobbten) geredet?“

Ganz im Sinne des No Blame-Ansatzes können nun eventuelle Verteidigungsversuche seitens der Schüler zwar zur Kenntnis genommen, aber es sollte auf keinen Fall auf sie eingegangen werden. Eine mögliche Ansage könnte hier lauten: „Ihr braucht euch nicht zu verteidigen. Ich bestrafe euch nicht. Es geht hier darum, dass ihr mir helft, die Situation für ... zu verbessern!“

Im Laufe des Gesprächs werden die Schüler wahrscheinlich wiederholt in die Verteidigungshaltung verfallen und/oder versuchen, den gemobbten Mitschüler mitschuldig zu machen, um sich selbst zu entlasten- aber als Gesprächsführende gehen wir darauf nicht ein. Wir betonen, wie wichtig es uns ist, dass sich jeder in der Schule wohlfühlt. Wir versuchen deutlich zu machen, dass wir mit Hilfe der Anwesenden eine Lösung dafür finden wollen, dass dem gemobbten Schüler geholfen wird. Und dass wir wissen, dass dies auch dazu führt, dass es der Klasse insgesamt dann besser gehen wird.

Eine mögliche und **gefährliche Falle** in dieser Phase des Gesprächs ist die, dass der Gesprächsführende sich auf einen Machtkampf mit den Mobbern einlässt. Vor dem Hintergrund, dass die Mobber spüren, dass ihre Macht über die Gruppe in Gefahr ist, werden sie so lange wie möglich - auch in dieser Runde - versuchen, ihre Macht zu verteidigen. Steigt der Gesprächsführende auf einen solchen Machtkampf ein, dann tappt er in die Falle und stärkt die Macht der Mobber. Dann passiert das, was die Schüler schon kennen, und dann droht das Scheitern des Gesprächs.

Es ist manchmal ein kommunikativer Seilakt, einerseits die Mobber und ihre Anliegen anzuhören, andererseits aber die Schüler in der Gesprächsrunde, deren Beitrag in Zuschauen oder Wegschauen bestand, zu stärken. Anders gesagt, die Kunst besteht darin, den Mobbern den Raum zu geben, den sie benötigen, aber auch die zurückhaltenderen Schüler herauszulocken, sich aktiv und konstruktiv zu beteiligen.

Denn gerade diejenigen Schüler, die bisher eher nur mitgelaufen oder vielleicht sogar auf der Seite des Gemobbten sind, sich aber nie getraut haben, sich zu offenbaren, müssen angemessene Zuwendung, Aufwertung und Wertschätzung erhalten, damit sie nachdenken und sich einbringen können. Erst dann kann ihnen auch klar werden, dass sie durch ihre Passivität mit zum Mobbing beigetragen haben. Dann können auch sie Verantwortung übernehmen, indem sie Hilfsangebote vorschlagen.

Ein Wort zu den sog. Assistenten bzw. „Verbündeten“ der Mobber. Sie sind – wie bereits ausgeführt – nicht die Hauptakteure, unterstützen aber den Mobber. Manche von ihnen haben Angst, die nächsten Opfer zu werden. Das spiegeln sie in ihrer Körpersprache. Oft wählen sie auch den Platz neben dem Gesprächsführenden, weit weg von den aktiven Mobbern. Sie sollte man im Blick behalten, aber nicht versuchen, sie in den Mittelpunkt zu stellen. Wenn sie spüren, dass die vermeintlich Unbeteiligten beginnen umzudenken, dann bringen sie sich in der Regel doch noch mit ein, weil sie jetzt Verbündete bekommen und so gegebenenfalls loslassen können oder weil sie in ihrer - vielleicht heimlich - ablehnenden Haltung gegenüber dem Mobbing bestärkt werden.

B Praktischer Teil

2. Das Unterstützergruppengespräch

Gesprächsverlauf in 6 Schritten

⇨ Exkurs „Empathie-Förderung

Zum Umdenken bewegen, den bisher destruktiven Prozess in konstruktive Bahnen lenken und den Beteiligten die Verantwortung übergeben, das sind die erwähnten Ziele des Gesprächs-Prozesses. Um diese Ziele zu erreichen, gibt es eine Reihe von methodischen Hilfsmitteln. Robinson und Maines weisen darauf hin, dass es der zentrale Punkt ist, dass die Schüler sich in den Gemobbten einfühlen können. Als Gesprächsleiter nutzen wir daher gerne den - vorher bereitgestellten - leeren Stuhl mit den Worten: „Ich setze mich jetzt auf den Stuhl von... und erzähle euch, wie es mir als ... geht!"

Eine weitere Methode, die noch stärker die Gefühlebene erreichen kann, ist der bereits erwähnte Perspektivwechsel[26], der ein zentraler Bestandteil auch von Schulmediation ist. Schüler, die an ihrer Schule das Peer-Mediation-Modell installiert haben, kennen diese Methode. Aber sie lässt sich auch mit Schülern praktizieren, die in dieser nicht bewandert sind.

Wir leiten also diesen Perspektivwechsel mit den Worten ein: „Vielleicht mag sich einer von euch auf den Stuhl von ... setzen und einmal in dessen Schuhe/Haut schlüpfen." Wenn einer der Schüler sich dazu bereit erklärt hat, weisen wir weiter an: „Schließe die Augen und stelle dir vor, was du als ... (Name des Gemobbten) in der Klasse erlebst. Wie fühlst du dich? Was wünschst du dir von den anderen?"

Wir haben die Erfahrung gemacht, dass in den Fällen, in denen sich Schüler zum Perspektivwechsel bereit erklärt haben, sie sich für die Sichtweise des anderen öffnen, sich oft sogar mühelos in dessen Gefühlslage versetzen. Indem ein Mitschüler sich in die Lage des Gemobbten versetzt, kann er dessen Nöte und Ängste besser nachempfinden und infolgedessen die Notwendigkeit erkennen, dass demjenigen dringend geholfen werden muss. Und es wird Betroffenheit und Empathie auch bei den anderen Anwesenden erzeugt.

Erst dann ist nämlich der Boden bereitet, um Lösungsvorschläge zu entwickeln; denn damit sind wir dem Ziel näher gerückt, das da lautet: „**Ich habe gefühlt, wie es dem anderen geht. Jetzt kann ich ihm auch helfen**."

Der Perspektivwechsel darf allerdings nur ein Angebot sein; er funktioniert nur auf dem Boden der Freiwilligkeit. Und: Wichtigste Voraussetzung für diese Phase ist die vollkommene Ernsthaftigkeit und Überzeugtheit des Gesprächsführenden, die erst gar nicht den Zweifel aufkommen lassen, es könnte sich hier um ein Spiel handeln.

⇨ Sammlung von Ideen und Vorschlägen

Wenn diese Gesprächsphase erfolgreich ist, dann ist auch der Boden für Lösungsideen bereitet. Der Gesprächsleiter sollte nun die Schüler darum bitten, sich einmal zu überlegen, ob es Unterstützungsangebote für den Gemobbten gibt und welche sie vielleicht gerne selbst offerieren möchten. In der Phase der Lösungssammlung eignet sich eine kurze Stillarbeit, in der die Schüler unter Beachtung der Gesprächsregeln auf kleine Zettel – siehe A 12 S. 95 – ihre Ideen aufschreiben. Für jede Idee sollte ein einzelner Zettel genommen

[26] Der Perspektivwechsel ist eine unverzichtbare Technik in der Mediation. Hier rückt der Blick auf die eigene Problemstellung in den Hintergrund. Stattdessen geht es darum, sich in die andere Person und ihre Gefühle hineinzuversetzen. „To walk in someone else´s shoes" heißt diese Methode auch und sie bedeutet, die Dinge aus dem Blickwinkel des jeweils anderen zu betrachten. Auf diese Weise können Lösungen gefunden werden, die man sonst gar nicht oder nur nach langem Suchen hätte finden können.

2. Das Unterstützergruppengespräch

Gesprächsverlauf in 6 Schritten

werden. Die Aufgabe lautet: „Was würdest du selbst gerne tun, damit es ... in der Klasse besser geht, damit er wieder zur Schule kommt?"

Diese Phase hat methodisch das Ziel, dass jeder Schüler sich unbeobachtet und in Ruhe die Zeit nehmen kann, die er braucht. Für uns als Gesprächsleiter ist es in dieser Phase spannend zu beobachten, wie wirksam Ruhe sein kann. Während die sozial kompetenteren Schüler und die echten Verbündeten des Mobbing-Opfers meist schnell Ideen zu Papier bringen, fällt es den Mobbern häufig sehr schwer, etwas aufzuschreiben. Dazu vielleicht die Schilderung einer Beobachtung, die wir sehr häufig gemacht haben:

Es gibt in der Runde fast immer mindestens einen Schüler, der selbst auch Unterstützung bitter nötig hätte. Oft ist es einer der mobbenden Schüler. Dies kann sich im Laufe des Gesprächs bereits abgezeichnet haben und es kann ein Hinderungsgrund für diesen Schüler sein, einem anderen helfen zu wollen. Um diese Situation aufzufangen, ist es sehr hilfreich, während des Gesprächs auf solche Hinweise zu achten und möglicherweise sogar demjenigen einen gesonderten Termin anzubieten. Auf diese Weise fühlt sich der Schüler auch gesehen, auch ihm wird vielleicht geholfen werden, und das kann die Motivation sehr stark erhöhen, in der Unterstützungsrunde ebenfalls seinen Beitrag zu leisten.

Die Stillarbeits-Phase hat nicht nur den Effekt, dass die anwesenden Schüler sich konzentrieren können und jeder seine individuellen Ideen unbeeinflusst von den anderen aufschreiben kann, sondern sie dient auch dazu, dass den Mobbern die Möglichkeit genommen wird, sich hinter den anderen zu verstecken. Unserer Erfahrung nach entwickeln sie nämlich, sobald sie die anderen schreiben sehen, eigene Ideen, alleine schon, um am Ende der Schreibphase nicht mit leeren Händen dazustehen. Es ist für viele der Schüler schwer auszuhalten, wenn die anderen schreiben und sie selbst vor ihren leeren Blättern sitzen. Hier genügend Zeit zu lassen, ist ebenfalls eine entscheidende psychologische Strategie!

Aus Kommentaren von Mobbern im Anschluss an das Unterstützergruppen-Gespräch, aber auch aus Bemerkungen von Rollenspielern, die in unseren Kursen die Rollen von Mobbern eingenommen haben, wissen wir, dass dies die Phase ist, in der **die Mobber ihre Macht verlieren**. „Alle schreiben und mir fällt nichts ein! Wenn ich jetzt da nicht mitmache, verliere ich die Gruppe, stelle ich mich selber ins Abseits!" So oder so ähnlich lauteten die Aussagen der Betroffenen.

Es kann durchaus vorkommen, dass Mitschüler den Mobbern Vorschläge machen, was diese aufschreiben könnten. Das kann sehr produktiv sein. Aber auch wir als Gesprächsführende können intervenieren. Wir können durchaus den Schülern Vorschläge machen, ihnen bei ihren Überlegungen helfen.

KOHL VERLAG Mobbing ... die etwas andere Gewalt - Bestell-Nr. 12 038

B Praktischer Teil

2. Das Unterstützergruppengespräch

Gesprächsverlauf in 6 Schritten

Dies sollten natürlich Angebote sein, die sie auch tatsächlich akzeptieren können. „Was hältst du davon, wenn du aufschreibst, dass du ... (Name des Gemobbten) in nächster Zeit in Ruhe lässt oder wenn du aufschreibst, dass du ... künftig aus dem Weg gehst oder dass du deine abfälligen Kommentare unterlässt?“

Es müssen also praktikable, auch für die Mobber umsetzbare Ideen sein. Die Mobber müssen nicht Freunde der Gemobbten werden. Es reicht oftmals aus, dass sie sich vornehmen, den bisher geplagten Schüler ab sofort in Ruhe zu lassen.

Weniger ist hier mehr. Das Mehr kommt gegebenenfalls. zu einem späteren Zeitpunkt. Es geht um den ersten Schritt, sein Verhalten zu ändern und nicht um ein Wunder. Aber die Teilnehmenden müssen selbst die Wahl haben; es darf kein Diktat sein. Seitens des Gesprächsführenden ist an dieser wichtigen Gelenkstelle Geduld gefragt. Die Schüler brauchen Zeit, um den Weg des Umdenkens zu beschreiten. Sind alle mit Schreiben fertig, werden die Anwesenden gebeten, ihre Vorschläge vorzulesen und anschließend als Ideenpool in die Mitte des Tisches zu legen. Freiwillige beginnen, die anderen folgen. Das Vorlesen dient der Entschleunigung des Prozesses. Ideen können überdacht, überprüft, gar bewertet werden. Andere schreiben schnell noch etwas auf, das ihnen im Nachhinein einfällt.

Das Platzieren der Lösungsvorschläge auf der Mitte des Tisches demonstriert, dass es sich um Ideen der Gruppe handelt. Aus diesem Pool können sich nun die Einzelnen bedienen, wenn die Aufforderung kommt: „Ich sehe da viele gute Ideen. Ich wusste, dass ich hier die Richtigen am Tisch habe, die die Situation für ... (Name des Gemobbten) positiv verändern können! Und nun möchte ich euch bitten, mir den Vorschlag oder die Vorschläge zu benennen, die ihr nun konkret - jeder für sich - in den nächsten Wochen bis zu unserem nächsten Gespräch umsetzen möchtet. Wer mag, kann sich die Ideen auch auf Moderationskarten aufschreiben und als Memo mitnehmen.“

<u>Übergabe der Verantwortung/Dank an die Gruppenmitglieder für ihre Mitarbeit</u>

⇨ Hier beginnt die wichtige und entscheidende Phase des Gesprächs, nämlich die der **Übernahme der Verantwortung** durch die Gruppe und durch jedes einzelne Mitglied: Jeder Schüler nimmt sich Ideen aus dem Ideenspeicher und macht sie sich auf diese Weise zu eigen, benennt dann seine Absicht. Das Angebot, sich seinen Vorschlag aufzuschreiben und mitzunehmen, wird eher selten genutzt. Die Schüler stecken inzwischen mental so in einem konstruktiven Prozess, dass sie diese Hilfe eigentlich nicht brauchen. Sie wissen genau, was sie sich vorgenommen haben und benötigen dazu keine Denkstütze. Wie im ursprünglichen Ansatz von Robinson/Maines postuliert, wird nichts vertraglich verschriftlicht. Die Ideenzettel bleiben im Raum, der Gesprächsführende sollte im Sinne der versprochenen Verschwiegenheit dementsprechend damit umgehen. Konkret: Die Zettel bleiben bei ihm und niemand erhält Zugang dazu. Gegen Ende des Gesprächs fragen die Schüler oft: „Was machen wir mit den Klassenkameraden? Dürfen wir sie informieren?“ Aus unserer Sicht hängt es ein wenig vom Alter ab, wie man damit umgeht.

B Praktischer Teil

2. Das Unterstützergruppengespräch

Gesprächsverlauf in 6 Schritten

Allerdings haben wir die Erfahrung gemacht, dass es nicht wirklich praktikabel ist, dass Schüler über das stattgefundene Gespräch Verschwiegenheit wahren. Früher oder später spricht es sich herum, um was es in dem Unterstützergespräch gegangen ist. Und eigentlich haben wir festgestellt, dass es sogar hilfreich sein kann, wenn Inhalte aus dem Unterstützergruppengespräch weitergetragen werden.

Ein sehr positiver Effekt des Gesprächs ist der, dass diejenigen, die im Gespräch ihre Verantwortung erkannt haben, damit beginnen werden, ihr Verhalten zu verändern und auf diese Weise die anderen mit ins Boot nehmen. Es ist dieser „Schneeballeffekt", der die positive Verhaltensänderung weiterträgt und festigt. Und das kommt ohne „Weitersagen" wahrscheinlich gar nicht aus.

Zum Abschluss des Gesprächs erfolgt nochmals die Entlassung in die Verantwortung der Beteiligten sowie der Dank für das Gespräch und für die Kooperationsbereitschaft: „Ich bin ganz sicher, dass ihr das schafft! Ich traue euch das zu! Viel Erfolg!"

Dann folgt die Verabschiedung in einem möglichst persönlichen Ritual und die Erinnerung an das in absehbarer Zeit folgende Einzelgespräch mit jedem der Gesprächsteilnehmer.

⇨ <u>Einzeltreffen mit den Gruppenmitgliedern</u>

Gemäß der Empfehlungen von Maines/Robinson sollte das Einzelgespräch ca. zwei Wochen nach dem Unterstützergruppen-Gespräch stattfinden. Dabei unterhält sich der Gesprächsleiter einzeln mit jedem der teilnehmenden Schüler. Die Praxis zeigt dennoch, dass hier Flexibilität gefragt ist, unter anderem auch, weil der Prozess des Umdenkens und der Verhaltensänderung unterschiedlichen Tempi folgt. Oft haben die früheren Mobbing-Assistenten und die Zuschauer es leichter, ihre Vorsätze umzusetzen als die aktiven Mobber. Bei den Einzelgesprächen geht es daher auch weniger um die Kontrolle, ob die Vorsätze realisiert worden sind, sondern vor allem um die weitere individuelle Betreuung, Hilfestellung bei Schwierigkeiten und um das Befeuern der Motivation, den beschrittenen Weg weiterzugehen. In den Folgetagen kann es durchaus sein, dass man als Gesprächsleiter einzelnen „Unterstützern" begegnet und mit ihnen ins Gespräch kommt. Auch hier bleibt die Haltung klar: zugewandt, wertschätzend, aber auch in gewisser Weise fordernd.

Beim Einzelgespräch sollte die Begrüßungsfrage sein: „Wie geht es dir/euch?" An der Reaktion der Betroffenen ist dann in der Regel abzulesen, dass es in den Schülern „gärt" und „brodelt". Selbsterkenntnis kann wehtun, unsicher machen, weil die nicht zu unterschätzende falsch „stabilisierende" Wirkung des Mobbing weggebrochen ist. Verantwortung zu übernehmen braucht außerdem Mut und Ausdauer. Oft sind die Schüler von Schuldgefühlen geplagt, manchmal auch von Ängsten. Deshalb brauchen sie weitere Hilfestellung und das Gefühl, dass sie gesehen werden und sich auch wenden können.

In vielen Fällen berichten die Schüler auch ohne Nachfrage, was sie schon unternommen haben, gerade bei den jüngeren kann das ohne Weiteres vorkommen. Dabei gilt es, kleine Schritte zu bestärken und die Schüler zu loben, vor allem, um die ehemaligen Mobber in ihrer neuen Rolle zu stabilisieren. In der Regel ist es ein gutes Gefühl für frühere Mobber, dass sie die bislang negativ eingesetzte Energie in Positivenergie umsetzen konnten. Sie merken bald, dass ihnen das gut tut.

Eine Mutter berichtete, dass ihre Tochter nach einem Unterstützergruppen-Gespräch den ganzen Nachmittag geweint habe. Die Mutter war sehr wütend und fragte den Mobbing-Experten: „Was haben Sie mit den Schülern gemacht?"

KOHL VERLAG Mobbing ... die etwas andere Gewalt - Bestell-Nr. 12 038

2. Das Unterstützergruppengespräch

Gesprächsverlauf in 6 Schritten

Die Antwort war: „Ich habe mit den Schülern über ein schwieriges Problem in der Klasse gesprochen und kann verstehen, dass das Ihre Tochter sehr mitgenommen hat. Einsehen zu müssen, dass man etwas falsch gemacht hat, kann sehr wehtun. Aber Ihre Tochter hat sehr konstruktiv mitgearbeitet, eine Lösung zu finden. Darauf kann Ihre Tochter und darauf können auch Sie stolz sein!"

Als ein Kollege einmal zufälliger Zeuge eines Gesprächs zwischen der No Blame-Expertin und einigen der vormals aktiven Mobber war, sprach er sie an: „Wie kannst du so respektvoll und zugewandt mit diesen Schülern reden, von denen du doch weißt, was sie alles angestellt haben?"

Es ist keine Frage, dass das Fehlverhalten von mobbenden Schülern höchst problematisch ist, vor allem, wenn man die Folgen für den gemobbten Schüler miterlebt. Die Frage ist, wie soll man der Lage Herr werden, wenn wir aus Erfahrung wissen, dass Bestrafung nicht weiter führt. Wenn es darum geht, Mobbing zu stoppen, dann muss ein Weg gefunden werden, wie das funktionieren kann, ohne weiter Öl ins Feuer zu gießen, ohne dass die Situation eskaliert und noch Schlimmeres passiert.

Und da wir wissen, dass viele Schüler, die sich mit Mobbing-Handlungen hervortun, oftmals gar nicht mehr in der Lage sind, sich selber aus dem Teufelskreis des Mobbing zu befreien, macht zu keinem Zeitpunkt eine vorwurfsvolle Haltung Sinn.

Wir wissen, wie problematisch dies für manchen Kollegen ist, der sich einfach nicht vorstellen kann, ein Kind, das falsch gehandelt hat, nicht zu bestrafen. Es geht hier auch um die ewige Debatte um das Thema Strafe, ihre Ziele und ihre Folgen. Wir haben die Erfahrung gemacht, dass Strafe nicht zur Einsicht führt, sondern Rachegefühle schürt und die Person innerlich verhärtet. Warum also sollte man darauf beharren? Dies bedeutet aber nicht, dass man gewähren lässt. Im Gegenteil: Diese Jugendlichen brauchen jemanden von außen, der ihnen das Stoppschild hinhält, ihnen aber auch zutraut, mit ihrem Tun aufzuhören. Und sie brauchen eine Möglichkeit, einen neuen Weg zu beschreiten.

Dies ist keine einfache Angelegenheit und bedarf der Schulung und des Expertentums. Denn Schüler haben ein feines Gespür dafür, ob unser Interesse an ihnen und die Empathie echt sind oder bloß eine Strategie darstellen.

Daher noch einmal die Erinnerung an die mediative Grundhaltung, die wir als Gesprächsleitung unbedingt haben müssen. Diese und die Authentizität im Handeln entscheiden über Erfolg oder Misserfolg des Prozesses und somit des No Blame-Ansatzes.

Was geschieht bei schleppendem Fortgang oder Scheitern des „No Blame Approach"? Für diesen Fall sieht der Ansatz vor, dass die Gruppe noch einmal eingeladen wird, um gemeinsam mit dem Gesprächsleiter nachzuforschen, wo es „hakt". Ein Beispiel: Zeitnah nach dem ersten Gespräch beginnen die Ferien; das Verstreichen einer längeren Zeitphase kann dazu führen, dass die Ideen und Vorsätze vergessen werden.

In einem zweiten Gespräch kann daher nochmals an die Vorschläge erinnert werden oder die Ideen werden „nachjustiert", d. h. umsetzbar gemacht. Wenn der No Blame-Ansatz sorgsam vorbereitet und durchgeführt wird, ist die Wahrscheinlichkeit sehr gering, dass er scheitert. Kollegen anderer Schulen berichten, dass sie den Ansatz seit vielen Jahren praktizieren und es in der ganzen Zeit kein eigentliches Scheitern gab. Die Rückmeldungen vieler Kollegen, die in unseren Workshops ausgebildet wurden und den Ansatz praktiziert haben, bestätigen dies ebenfalls. **Überraschend ist für uns, dass selbst in hartnäckigen Fällen der „No Blame Approach" wirkt.**

B Praktischer Teil

3. Fallbeispiele

Daniela, Klasse 8 - Transkript

⇨ Die Situation

Daniela ist Schülerin der Klasse 8. Sie ist stark übergewichtig und ein ruhiges und eher unsicheres Mädchen. Sie leidet sehr unter ihrem Übergewicht und wird deswegen von ihren MitschülerInnen ständig gehänselt. Während des Unterrichts kommen Zettel bei ihr an, auf denen Beleidigungen stehen wie: „Heute Mittag gibt's bei uns Fettklöße" oder „Muh, muh, dieser Zettel ist für unsere Kuh."

Auch in den Pausen wird Daniela vor allem von drei Mitschülerinnen (Leni, Ruth und Gerit) regelmäßig beleidigt. Sie sagen zu ihr, sie sei hässlich und sehe aus wie ein Wackelpudding, außerdem sei sie dumm. Dabei bleibt es aber häufig nicht. Die Schülerinnen machen sich mit der Zeit einen Spaß daraus, sie von der einen zur anderen zu schubsen und dabei zu lachen. Die Drahtzieherin ist eindeutig Leni, die die anderen beiden aufstachelt. Die Jungen halten sich komplett heraus; sie haben ihre eigenen Probleme und Rangeleien und finden die Mädchen sowieso „doof". Nur Walter, der Klassensprecher, schaut hin und wieder irritiert zu den Mädchen herüber.

Danielas Leistungen, die in der siebten Klasse noch ganz gut waren, nehmen ständig ab. Außerdem fehlt sie häufig und kommt zu spät zum Unterricht.

Eines Tages wird Daniela auf dem Weg zur Bushaltestelle so heftig von einer Schülerin zur anderen geschubst, dass sie blaue Flecken davonträgt. Ihre einzige Freundin in der Klasse, Anna, ist in der Situation zwar anwesend, traut sich jedoch nicht, ihr zu helfen, da sie Angst hat, das nächste Opfer zu sein. Nach einer Weile entfernen sich alle Schülerinnen, Anna inbegriffen, und lassen Daniela alleine zurück.

Kurz darauf treffen zwei ältere Schülerinnen Daniela weinend an der Bushaltestelle an. Auf hartnäckiges Nachfragen hin erzählt sie ihnen, dass sie seit längerer Zeit von ihren Mitschülerinnen gemobbt werde und was eben passiert ist.

Die beiden Schülerinnen ermutigen Daniela, Kontakt zur Schulmediatorin aufzunehmen, die auch die interne Mobbingfachfrau der Schule und im „No Blame Approach" ausgebildet ist. Daniela traut sich aber nicht, diese anzusprechen.

Ein paar Tage später erhält diese Lehrerin einen Anruf der Mutter, in dem sie berichtet, Daniela habe sich ihr anvertraut und ihr erzählt, dass sie nicht mehr alleine mit dem Problem klarkomme und auch nicht mehr in die Schule gehen wolle. Die Lehrerin und Mobbing-Expertin sucht Daniela in einer großen Pause auf und vereinbart einen Termin mit ihr.

⇨ Die Vorbereitung

Die Gespräche sollen im Streitschlichtungsraum stattfinden. Dieser Raum ist ruhig gelegen, von außen nicht einsehbar, liebevoll von den Schülerschlichtern gestaltet. Er verbreitet eine wohltuende Atmosphäre.

Auf dem Tisch liegen Papier und Bleistift bereit, einige Bonbons liegen in einer Schale und für den „Notfall" sind auch Tempos vorhanden.

B Praktischer Teil

3. Fallbeispiele

Daniela, Klasse 8 - Transkript

⇨ Das Gespräch mit der Gemobbten

Verabredet ist, dass Daniela nach der 1.Pause dorthin kommt und nicht wie die anderen Schüler am Sportunterricht teilnimmt. Die Mitschüler wissen nichts vom Gespräch; sie ist unter einem Vorwand entschuldigt.

Das Gespräch wird zwischen der Lehrerin und Daniela geführt. die Lehrerin erwartet Daniela und begrüßt sie mit einem Handschlag und einem Lächeln.

Lehrerin: *„Es freut mich, dass du gekommen bist! Nimm doch bitte Platz! Du kannst dir gerne ein Bonbon nehmen!"*

Die Lehrerin lässt Daniela Zeit anzukommen. Die Körpersprache von Daniela ist sehr verschlossen. Sie schleicht förmlich auf den bereitgestellten Stuhl, der Blick ist nach unten ge-richtet. Die Lehrerin spürt deutlich, dass es Daniela nicht gut geht und dass der Schritt, hierher zu kommen für sie ein ganz großer gewesen ist.

Lehrerin: *„Daniela, das, was wir beide jetzt hier bereden, bleibt unter uns. Du kannst ganz offen mit mir reden, auch wenn es andere Schüler betrifft, die vielleicht etwas falsch gemacht haben. Ich verspreche dir ganz fest, dass ihnen nichts passiert. Sie wissen ja auch nicht, dass wir beide miteinander reden. Du brauchst also keine Angst zu haben!"*

Daniela schaut die Lehrerin kurz an, ein wenig ungläubig, zweifelnd, dann senkt sie ihren Blick wieder. Sie tut der Lehrerin unendlich leid. Was muss dieses Kind erlebt haben? Welche Enttäuschungen liegen hinter ihr, dass es ihr so schwer fällt zu vertrauen?

Lehrerin: *„Du weißt, dass deine Mutter mich angerufen hat. Sie macht sich große Sorgen um dich. Deine Klassenlehrerin hat mir erzählt, dass sie dich angesprochen hat, weil du so still geworden bist und du des Öfteren über Kopfweh klagst und dann nach Hause gehst. Aber du wolltest nicht mit ihr reden und sie wollte dich nicht bedrängen. Sie hat gemerkt, dass etwas nicht stimmt und würde dir gerne helfen. Ich würde dir auch gerne helfen, wenn du das zulässt! Vielleicht magst du mit mir reden! Ich würde dir gerne zuhören!"*

Wieder nimmt die Lehrerin diesen skeptischen Blick wahr, aber diesmal hält Daniela den Blickkontakt und beginnt zu reden. Der Blick schweift zwar ab, als rede sie zum Raum, aber er senkt sich nicht mehr.

Daniela: *„Wenn Sie mit meiner Mutter geredet haben, dann wissen Sie ja auch, was an der Bushaltestelle passiert ist. Ich schäme mich so, dass die beiden Großen mitbekommen haben, dass ich geheult habe. Aber ich wollte nicht mit Frau Nolte (Name geändert) reden!"*

Lehrerin: *„Du hast dich geschämt! Aber ich könnte mir vorstellen, dass du auch traurig oder auch vielleicht wütend warst. Könnte das sein?"*

Daniela schaut wieder mit diesem ungläubigen, aber auch suchenden Blick.

Daniela: *„Kann sein, aber ich will nicht, dass die anderen mitkriegen, dass es mir nicht gut geht. Das ist meine Sache und das liegt ja auch an mir! Aber ich bin schon enttäuscht von Anna. Sie ist doch meine einzige Freundin und sie lässt mich auch allein. Aber sie hat ja auch Angst, dass sie die Nächste ist!"*

B Praktischer Teil

3. Fallbeispiele

Daniela, Klasse 8 - Transkript

Lehrerin: *„Was soll an dir liegen?"*

Daniela: *„Schauen Sie mich doch mal an. Ich bin dick und fett. Deshalb nennen die mich ja auch „Fettkloß"! Aber ich schaffe es nicht abzunehmen. Ich habe immer so Hunger und dann muss ich essen. Und das wird immer schlimmer. Die anderen lachen mich immer mehr aus."*

Lehrerin: *"Also ich finde dich sehr sympathisch. Du bist gut in Ordnung so, wie du bist. Jeder von uns hat so seine Macken. Der eine ist dünn, der andere etwas dicker, der eine schielt, der andere ist schlecht in Englisch. Aber das gibt doch keinem das Recht, diese Menschen zu verletzen. Jeder hat das Recht, so zu sein, wie er ist, jeder verdient respektiert zu werden!"*

Daniela schaut die Lehrerin an, als wolle sie in ihren Augen lesen, ob sie sie das wirklich glauben kann. Die Lehrerin hält dem Blick stand und lächelt.

Lehrerin: *„Weißt du, ich möchte dir wirklich Hilfe anbieten, damit sich deine Situation verbessert! Ich würde dir gerne erzählen, was wir konkret unternehmen könnten. Diese Vorgehensweise hat schon vielen Schülern hier an dieser Schule, aber auch an anderen Schulen geholfen. Darf ich?"*

Zustimmendes Nicken

Lehrerin: *"Also, wir könnten eine sogenannte Unterstützergruppe aus einigen deiner Mitschüler bilden. Diese Gruppe erhält den Auftrag, mit mir zusammen Ideen zu entwickeln, wie sich für dich die Situation verbessern könnte und wie sie dies in die Tat umsetzen können. Über ihre Taten, das Mobbing werden wir nicht sprechen. Es geht einzig und allein darum, dass sie ihr Verhalten dir gegenüber ändern. Auch für die Gruppe gilt: Ich werde nichts weitererzählen und denjenigen droht keine Strafe. Allerdings werden sie im Gespräch deutlich spüren, dass es für sie keinen Weg mehr zurück gibt! Kannst du dir dies vorstellen?"*

Daniela: *„Das soll klappen? Wer soll das denn sein?"*

Lehrerin: *„Auf jeden Fall ist mir wichtig, dass wir beide gemeinsam überlegen, wen wir in die Gruppe aufnehmen. Mit wem verstehst du dich denn ganz gut?"*

Daniela: *„Da ist nur Anna. Und die hat auch noch Angst!"*

Lehrerin: *„Ich werde das Gespräch so führen, dass Anna keine Angst zu haben braucht.*

Auf wen in eurer Klasse hören die anderen denn ganz gut?"

Daniela: *„Walter, unser Klassensprecher. Aber das ist ein Junge und der hält sich raus."*

Lehrerin: *„Ich denke, das ist eine gute Idee, Jungs in die Gruppe zu nehmen. Den Stress machen ja die Mädchen. Aber damit das Ganze gelingen soll, müssen auch die in die Gruppe, die dich besonders ärgern. Wer ist das denn?"*

Daniela: *„Leni, Ruth und ...Gerit!"*

Lehrerin: *„Dann werde ich sie zu dem Gespräch einladen. Und nochmal, ich werde mit ihnen nicht über Mobbing reden! Jetzt haben wir also die drei und Walter und Anna."*

B Praktischer Teil

3. Fallbeispiele

Daniela, Klasse 8 - Transkript

Lehrerin: *„Gibt es vielleicht noch jemanden in deiner Klasse, den du gerne dabei haben würdest, weil du ihn magst oder weil du glaubst, er könnte sich für dich stark machen?"*

Kurzes Zögern, dann ein Lächeln und dann sprudelt es aus Daniela förmlich heraus:

Daniela: *„Der Niklas, den finde ich gut! Der spielt gerne Fußball, aber er kann es wirklich nicht gut. Den lachen die Jungs dann aus. Aber ihm macht das nichts. Der ist cool und sagt: „ Es können doch nicht alle so gut sein wie Ronaldo!" Das finde ich klasse, so würde ich auch gerne sein!"*

Lehrerin: *„Gut, dann nehmen wir ihn noch mit in die Gruppe. Dann haben wir sechs Schüler, auch einige Jungs. Das ist eine gute Mischung! Bist du also damit einverstanden, dass ich das Gespräch mit dieser Unterstützergruppe führen kann oder brauchst du noch Zeit, es dir zu überlegen!"*

Kurzes Zögern, dann fixiert sie den Blick.

Daniela: *„Nee, ich denke, Sie sollten es probieren! Ich will nicht, dass es so weitergeht!"*

Lehrerin: *„Ich finde dies eine gute und mutige Entscheidung. Das ist ein Signal in die richtige Richtung. Und ich werde mein Bestes geben! Wenn ich mich mit der Gruppe treffen sollte, gibt es dann da etwas, was ich auf keinen Fall erwähnen darf?"*

Daniela runzelt die Stirn, dann plötzlich grinst sie:

Daniela: *"Bitte sagen Sie keinem, dass ich den Niklas so toll finde. Ich möchte nicht, dass er es erfährt!"*

Lehrerin: *„Versprochen! Ja, Daniela, dann werde ich in den nächsten Tagen irgendwann unangekündigt bei euch in der Klasse auftauchen und die Gruppe zum Gespräch bitten. Deshalb auch die Bitte an dich: Erzähle nichts von unserer Absprache."*

Lehrerin: *„Ich möchte deine Mitschüler überraschen, damit sie keine Absprachen treffen können! Und dir möchte ich anbieten, dass du mich jederzeit ansprechen kannst. Ich gebe dir meine Handynummer, damit du mich erreichen kannst, falls irgendetwas passieren sollte, was ich jedoch nicht glaube. Oder falls du oder deine Eltern noch Fragen habt. OK? Auch wenn alles gut läuft und wir nichts mehr voneinander hören, würde ich mich dann trotzdem mit dir nochmal in ca. zwei Wochen treffen. Geht das am 15., gleiche Zeit, gleicher Ort?"*

Daniela nickt.

Lehrerin: *„Dann mache ich mich an die Arbeit! Aber bevor du gehst, verrätst du mir noch kurz, wie es dir jetzt nach unserem Gespräch geht?"*

Daniela zögert kurz und erwidert:

Daniela: *„Noch immer nicht richtig gut, weil ich ja nicht sicher weiß, ob es klappt, aber besser!"*

Lehrerin: *„Brauchst du noch Bedenkzeit, willst du mit deinen Eltern noch einmal sprechen? Du kannst auch gerne darüber schlafen und mir vielleicht morgen Bescheid geben!"*

3. Fallbeispiele

Daniela, Klasse 8 - Transkript

Daniela: *„Ok, ich rufe Sie heute Nachmittag an!"*

Die beiden verabschieden sich mit einem festen Händedruck. Daniela schaut die Lehrerin ganz offen an und versucht ihr Lächeln zu erwidern. Am Spätnachmittag ruft sie die Lehrerin an, sie habe mit ihren Eltern geredet. Sie gibt ihr OK zum Gespräch mit der Unterstützergruppe.

⇨ Das Gespräch mit der Unterstützergruppe

Nach dem OK von Daniela organisiert die Lehrerin mit Hilfe der Klassenlehrerin das Setting für das Unterstützergruppen-Gespräch.

Der Raum ist vorbereitet. Auf dem Tisch liegen Stifte, die kleinen Zettel mit den Fragezeichen (s. Kopiervorlagen), einige Bonbons und die Regelkarten, die in dieser Schule sowohl in der Klasse als auch bei der Streitschlichtung benutzt werden (ausreden lassen, nicht beschimpfen, zuhören). Um den Tisch stehen 8 Stühle, 6 davon für die Schüler, einen für die Lehrerin und einen als „Platzhalter" für die nicht anwesende Daniela.

Am Donnerstag in der 2. Stunde findet das Gespräch statt. Die Lehrerin begibt sich in die Klasse, entschuldigt sich für die Störung und wendet sich der Klasse zu:

Lehrerin: *"Ich würde gerne einige von euch bitten, mit mir zu kommen, damit wir in Ruhe ein Gespräch führen können. Walter, dürfte ich dich bitten, auch dich, Anna?"*

Verwundert stehen beide auf und begeben sich Richtung Tür.

Lehrerin: *"Desweiteren würde ich gerne Ruth, Leni und Gerit einladen und den Niklas. Kommt ihr bitte auch mit?"*

Ruth: *"Was wollen Sie denn mit uns besprechen?"*

Lehrerin: *"Es geht um ein Problem in eurer Klasse. Genauer werde ich euch das im Besprechungszimmer erklären. Aber ich bin sicher, dass gerade ihr mir helfen könnt!"*

Die drei Mädels tauschen Blicke, stehen aber auf und folgen den anderen. Niklas blickt ein wenig ratlos. Draußen vor der Tür sagt die Lehrerin, wohin es geht. Sie bleibt hinter den Schülern, um deren Interaktion beobachten zu können. Fragende Blicke, ein paar Wortfetzen und einige verängstigte Blicke begleiten den Weg zum Besprechungsraum. Im Raum angekommen, bittet die Lehrerin die Schüler, Platz zu nehmen.

Lehrerin: *"Schön, dass es mit euch geklappt hat! Bitte, setzt euch hin, macht es euch bequem!"*

Dann setzt sie sich ebenfalls; neben ihr bleibt ein Stuhl frei. Die Lehrerin lässt den Schülern Zeit, im Raum anzukommen.

Lehrerin: *"Könnt ihr mir bitte noch einmal eure Namen verraten! Danke! Wie geht es euch?"*

Walter (überrascht): *„Na, gut!"*

Niklas: *„Auch gut! Aber ich weiß nicht, was ich hier soll!"*

Anna (nachdenklich): *„Mir geht es eigentlich gut!"*

B Praktischer Teil

3. Fallbeispiele

Daniela, Klasse 8 - Transkript

Gerit: *„Meistens gut!“*

Ruth: *„Gut, ich habe ja auch Freunde in der Klasse!“*

Leni (Gerit und Ruth anschauend): *„Mir geht es genauso!“*

Lehrerin: *„Dass es euch gut geht in der Klasse, das freut mich! Wir Lehrer sind der Meinung, dass dies für alle Schüler gelten soll!“*

Sie lässt die Worte wirken und schaut die Schüler offen und freundlich an.

Lehrerin: *„Bevor ich euch jetzt sage, um was es geht, möchte ich euch versichern, dass ich nichts von dem, was ihr mir hier erzählt, weitererzählen werde. Ihr braucht keine Angst zu haben! Habt ihr dazu noch Fragen?“*

Kopfschütteln

Lehrerin: *„Wie gesagt, jeder soll ohne Angst in die Schule gehen können. Und da gibt es bei euch in der Klasse eine Mitschülerin, Daniela, der es gar nicht gut geht. Ich habe euch eingeladen, weil ich der festen Überzeugung bin, dass hier die richtigen Experten sitzen, die mit mir zusammen überlegen können, wie wir die Situation für Daniela zukünftig verbessern.“*

Die Lehrerin blickt jeden einzelnen an, fixiert dabei freundlich, aber nachdrücklich die Mobberinnen.

Walter: *„Ich weiß nicht, was ich hier soll!“*

Niklas: *„Die Lehrer sollen den Schülern sagen, dass sie damit aufhören sollen!“*

Anna schaut die Lehrerin hilfesuchend an. Gerit wirkt verunsichert, sie schaut zu Ruth und Leni. Leni wiederum schaut die Lehrerin herausfordernd an. Diese erwidert den Blick klar und entschlossen.

Ruth: *„Ich habe nichts getan!“*

Lehrerin: *„Das habe ich auch nicht behauptet. Es geht hier auch gar nicht darum, was ihr in der Vergangenheit getan habt. Es geht einzig und allein darum, dass wir Ideen entwickeln, wie sich die Situation für Daniela ab jetzt verbessern kann!“*
(Zu Niklas und Walter gewandt): *„Natürlich können die Lehrer euch im Unterricht zu respektvollem Umgang miteinander anhalten. Aber ihr selber könnt viel mehr tun, weil ihr den ganzen Morgen und in den Pausen zusammen seid. Gerade eure Ideen sind mir daher wichtig!“*

Lehrerin (wieder an alle gewandt): *„Könnt ihr euch vorstellen, wie es Daniela geht?“*

Schweigen…

Lehrerin (setzt sich auf den freien Stuhl): *„Ich sitze jetzt auf Danielas Stuhl und sage euch, wie es mir als Daniela geht. Ich komme mit Bauchschmerzen in die Schule, habe Angst.“*

Leni: *„Was können wir dafür?“*

Lehrerin (die Frage im Raum stehen lassend): *„Möchte sich jemand von euch auch mal auf diesen Stuhl setzen, um nachzufühlen, wie es Daniela geht?“*

Zunächst keine Reaktion, dann erhebt Gerit sich und begibt sich auf den Stuhl.

B Praktischer Teil

3. Fallbeispiele

Daniela, Klasse 8 - Transkript

Lehrerin: *„Schließ einmal die Augen. Stelle dir vor, du bist Daniela in eurer Klasse! Wie geht es dir als Daniela? Vielleicht wünschst du dir auch etwas von den anderen."*

Gerit (lässt sich Zeit)*: "Mir geht es gar nicht gut" sagt sie kleinlaut.* (Den Blick gehoben, in die Runde schauend)*: „Die sollen mich in Ruhe lassen!"*

Lehrerin: *„Danke! Gerit, du kannst wieder deinen Platz einnehmen!"* (Zu den anderen gewandt)*: „Möchte noch jemand auf dem Stuhl Platz nehmen?"*

Die Schüler schütteln die Köpfe, sichtlich nachdenklich geworden. Wiederum lässt die Lehrerin den Schülern eine Pause zum Nachdenken.

Lehrerin: *„Ok, dann lasst uns jetzt einmal Ideen sammeln, was ihr nun in den nächsten Wochen verändern könntet. Dazu gebe ich euch kleine Zettel, auf die jeder für sich seine Vorschläge aufschreiben kann. Wenn alle fertig sind, liest jeder seine Ideen vor und legt sie dann in die Mitte als Ideenpool!"*

Anna und Walter fangen gleich an. Niklas schließt sich an, ebenso Gerit. Ruth und Leni tauschen Blicke, schauen die Lehrerin an. Wieder dieses „Kräftemessen" mit Blicken, bevor sie dann auch beginnen zu schreiben. Auch hier lässt die Lehrerin den Schülern viel Zeit und wartet, bis alle fertig geschrieben haben.

Lehrerin: *„Wer möchte denn mal anfangen vorzulesen?"*

Gerit meldet sich.

Lehrerin: *„Gerne, Gerit."*

Gerit: *„Wenn Daniela beschimpft wird, könnte man sich dann selber ein Stück zurückzunehmen, dass man im Nachhinein nicht so ein schlechtes Gewissen haben muss."*

Lehrerin: *„Jetzt hast du das so nett in „Man-Form" formuliert, so als Vorschlag für die Klasse gemeint. Der Vorschlag gilt also auch für dich, Gerit?"*

Gerit: *„Ja!"*

Lehrerin: *„Gut! Das war jetzt wichtig. Anna, was schlägst du vor?"*

Anna: *„Also, ich werde den Mund aufmachen, wenn Daniela wieder gehänselt wird. Ich werde mich neben sie stellen und so zeigen, dass ich auf ihrer Seite stehe. Und ich werde sie zu mir einladen, damit sie auf andere Gedanken kommt."*

Lehrerin: *„Super! Dankeschön!"*

Walter: *„Ich habe geschrieben: Ich hab gesehen, dass Daniela häufig allein nach Hause geht. Ich könnte sie auf dem Heimweg begleiten. Und ich könnte darauf aufpassen, dass sie nicht mehr so sehr gehänselt wird."*

Lehrerin: *„Danke. Den Zettel legen wir auch in die Mitte. Leni, du hast auch eine Idee aufgeschrieben?"*

Leni: *„Ja, ich habe geschrieben, dass man sie in der Pause mal fragen könnte, ob sie beim Fangen mitspielen will."*

Lehrerin: *„Ja, ein guter Vorschlag."*

Kohl Verlag Mobbing ... die etwas andere Gewalt - Bestell-Nr. 12 038

B Praktischer Teil

3. Fallbeispiele

Daniela, Klasse 8 - Transkript

Leni:	*„Aber das macht sie sowieso nicht."*
Lehrerin:	*„Aber fragen kann man doch mal!"*
Leni:	*„Die ist so langsam beim Rennen."*
Lehrerin:	*„Aber das ist doch ein ernst gemeintes Angebot, oder?"*
Leni:	*„Ja, doch. Ich kann ja mal fragen."*
Lehrerin:	*„So, Ruth, und du?"*
Ruth:	*„Ich habe mir überlegt, ich könnte ja mal was Nettes zu ihr sagen. Sie hat so tolle Ohrringe an, die haben mir ganz gut gefallen. Das könnte ich ihr sagen. Ja, und die Idee, sie in der Pause mitspielen zu lassen, das könnte ich mir auch vorstellen."*
Lehrerin:	*„Super. Und du, Niklas?"*
Niklas:	*„Ich hab geschrieben, dass ich bei dummen Bemerkungen eingreifen könnte. Das stört mich schon lange. Aber ich habe nicht gewusst, dass es sie so verletzt."*
Lehrerin:	*„Ihr habt wirklich tolle Ideen aufgeschrieben! Das bestärkt mich in dem Eindruck, dass hier die richtigen Leute sitzen, die an der Situation etwas verändern können. Jetzt würde ich gerne von euch wissen, was jeder von euch sich konkret für die nächsten zwei Wochen vornimmt! Es kann ja durchaus sein, dass ihr außer euren eigenen Vorschlägen auch noch andere Ideen übernehmen möchtet!"*
Anna:	*„Also, ich werde den Mund aufmachen, wenn sie nochmal gehänselt wird. Ich stelle mich neben sie oder ich zeige, dass ich auf ihrer Seite stehe. Und dass ich da nicht mehr mitmache, wo ich bisher immer nichts gesagt habe."*
Lehrerin:	*„Das ist jetzt deine Aufgabe? Ok".*
Gerit:	*„Mein Ziel ist es, mich nicht mehr kaputt zu lachen, wenn sie mit angeblich lustigen Sachen beleidigt wird."*
Lehrerin:	*„Ok."*
Walter:	*„Ich habe das bisher ja auch nicht so ganz genau mitbekommen. Aber ich werde mal in Zukunft genauer darauf gucken und wenn ich was mitbekomme, mal zum Lehrer gehen und das sagen. Und sie auf dem Heimweg mal begleiten!"*
Lehrerin:	*„Oder auch den anderen mal sagen, wenn sie wieder anfangen. Du bist ja der Klassensprecher. Vielleicht wäre das ja eine Aufgabe für dich."*
Walter:	*„Ja, aber was die Mädchen da machen, krieg ich ja gar nicht mit."*
Lehrerin:	*„Als Klassensprecher bist du aber auch für die Mädchen zuständig, oder? Und du, Leni?"*
Leni:	*„Ja, ich frag sie mal in der Pause, ob sie mitspielen will. Weil, es ist ja auch doof, wenn man nicht mitmachen darf."*
Lehrerin:	*„Schön. Und du, Ruth?"*
Ruth:	*„Ich glaub, ich mach da mit! Und ich lache sie nicht mehr aus!"*
Lehrerin:	*„Und du Niklas?"*

B Praktischer Teil

3. Fallbeispiele

Daniela, Klasse 8 - Transkript

Niklas: *„Ja, ich werde sie dann beim nächsten Mal unterstützen, wenn sie Probleme hat mit den Mädchen!“*

Lehrerin: *„Das sind ja eine Menge guter Vorsätze! Toll! Ihr werdet sehen, das wird Daniela und der Klasse gut tun. Das meine ich ganz ehrlich! Ich bedanke mich bei euch für die vielen Ideen und für dieses Gespräch. Mit jedem von euch werde ich mich in ca. zwei Wochen noch einmal einzeln treffen und dann könnt ihr mir sicherlich berichten. Mir geht es nicht nur darum, ob ihr das alles umsetzt, sondern mir geht es auch darum, wie es euch damit geht, wenn ihr euer Verhalten ändert.“*

Gerit: *„Das heißt, auch wie wir uns fühlen?“*

Lehrerin: (lächelt sie an): *„Ja, richtig verstanden, Gerit! Auch wie ihr euch fühlt. Ihr seid mir auch sehr wichtig. So, jetzt könnt ihr wieder zurück in den Matheunterricht!“*

Die Lehrerin verabschiedet jeden mit Handschlag.

⇨ Reflexion

Der Schlüssel zum Erfolg des Gesprächs mit Daniela war die Tatsache, dass es der Lehrerin gelungen war, Danielas Vertrauen zu erlangen. Sie hatte ihr zugehört, hatte sich in Daniela eingefühlt, hatte ihr Zeit gelassen und war wertschätzend mit ihr umgegangen.

Diese wertschätzende, aber auch fordernde Haltung prägte ganz entscheidend auch das Gespräch mit der Unterstützergruppe. Mehr als jedes gesprochene Wort signalisierten Haltung, Mimik, die freundlichen, aber bestimmten, manchmal sogar herausfordernden Blicke die Einstellung der Lehrerin: „Ich behandle euch voller Respekt. Ihr seid mir wichtig als Personen, aber mir ist genauso wichtig, dass unser Vorhaben gelingt.“ Zugleich ist aber auch klar: „Für euch gibt es kein Zurück mehr. Ich glaube fest daran, dass ihr es schafft, euer Verhalten zu verändern. Dazu biete ich euch meine Hilfe an!“

Der Anhang A 13 Seite 96 kann als Blankovorlage für Fallbeispiele eingesetzt werden.

Alexander, Klasse 8

Schulische Situation

Schule:	Klasse 8, Gesamtschule
Leistungen:	schwach
Verhalten:	unauffällig, still, meldet sich selten, stottert vor der Klasse; außerhalb des Unterrichts stottert er nicht
Mitschüler:	bei Mädchen beliebt, Freundin Janina sitzt neben ihm
Lehrer:	es fällt nichts auf

B Praktischer Teil

3. Fallbeispiele

Alexander, Klasse 8

Häusliche Situation

Eltern: Mutter Hausfrau, Vater Handwerker
Geschwister: 6 Jahre ältere Schwester, wohnt nicht mehr zu Hause

Den Eltern möchte sich Alexander nicht mitteilen. Er hat Bedenken, sie könnten in der Schule etwas sagen, das seine Situation nur verschlimmert.

Als Alexander mit blauen Flecken an den Armen nach Hause kommt, erfahren die Eltern nach intensivem Nachfragen von den Schikanen.

Sie setzen sich sofort telefonisch mit der Tutorin in Verbindung. Sie sind sehr aufgebracht und drohen an, Anzeige wegen Körperverletzung zu erstatten.

Mobbing

- ⇨ Hänseleien seit der 5. Klasse, Alexander reagiert gelassen, steckt ein
- ⇨ wütend, wenn er Stotterer genannt wird
- ⇨ provoziert selbst auch, vermeintlich aus Selbstschutz
- ⇨ Tobias nennt ihn „Heulsuse“ und „Alexandra“, heizt die anderen an
- ⇨ mehrere Jungen beschimpfen, stoßen und treten ihn im geschlossenen Klassenraum
- ⇨ Mitschüler schauen weg
- ⇨ Klassensprecherin Susanne fordert die Mobber auf, aufzuhören
- ⇨ Marko gilt als Streber, findet das Mobbing nicht gut; hält sich aber aus Angst zurück
- ⇨ Susanne missbilligt ebenfalls, hält sich ebenfalls zurück aus Angst, dass es ihr auch so ergehen könnte

B Praktischer Teil

3. Fallbeispiele

Alexander, Klasse 8

„No Blame Approach“

- ⇨ Tutorin völlig überrascht, beruhigt die Eltern
- ⇨ weist die Eltern darauf hin, dass mit dem No Blame-Ansatz gearbeitet wird
- ⇨ erläutert diesen kurz und versichert die zeitnahe Umsetzung mit Hilfe der Schulsozialarbeiterin
- ⇨ Schulsozialarbeiterin ruft Alexander zuhause an, vereinbart einen Gesprächstermin für den nächsten Tag nach Schulende
- ⇨ Alexander ist nach anfänglicher Skepsis überzeugt
- ⇨ Sozialarbeiterin versichert nach einem Gespräch mit den drei Mobbern mit der Klassensprecherin Susanne sowie mit Manuela, Janina und Marko für ein Ende des Mobbing zu sorgen
- ⇨ Alexander befürchtet, dass die Mobber ihn noch heftiger plagen könnten
- ⇨ Schulsozialarbeiterin nimmt diese Bedenken entgegen und überzeugt ihn, sich auf den Versuch einzulassen

Reflexion

- ⇨ es ergibt sich tatsächlich eine Wende zum Konstruktiven
- ⇨ Tobias pflichtet unter Druck der anderen bei, das Mobbing zu beenden
- ⇨ Sozialarbeiterin sieht bei Tobias keinen wirklichen Sinneswandel
- ⇨ Betroffenheit der anderen Schüler zeigt ihr deren Kehrtwende
- ⇨ ihre Lösungsvorschläge signalisieren, Alexander ab sofort nicht mehr zu plagen und ihn ins Klassengeschehen zu integrieren
- ⇨ Nachgespräche bestätigen die Entwicklung
- ⇨ das Mobbing hat in dieser Gruppe keine Chance mehr
- ⇨ Vier-Augen-Gespräch mit Tobias legt seine häuslichen Probleme offen
- ⇨ Beratung mit der Klassenlehrerin
- ⇨ Alexander selbst zeigt sich zufrieden und beruhigt
- ⇨ Eltern melden sich einige Wochen später, danken der Tutorin und der Schulsozialarbeiterin für ihren Einsatz

B Praktischer Teil

3. Fallbeispiele

Barbara, Berufskolleg

Schulische Situation

Schule: Berufskolleg, 2. Jahr
Leistungen: Spitzenschülerin, speziell Fremdsprachen
Verhalten: fleißig, still und aufmerksam
Mitschüler: überwiegend Mädchen, eine davon, Sue, ist freundlich, aber zurückhaltend. Die drei einzigen Jungen sind freundlich zu ihr; Sascha ist verliebt in Barbara.
Lehrer: bei den Lehrern beliebt, Klassenprobleme gehen an den Lehrern vorbei

Häusliche Situation

Eltern: Mutter alleinerziehend
Geschwister: zwei jüngere Geschwister

Barbara muss zuhause mithelfen. Weiter Schulweg. Kann daher mit den anderen ihrer Gruppe nicht abhängen und auch an den Wochenenden nicht mitfeiern, was in der Altersgruppe üblich ist.

Erzählt nichts von zuhause, da sie von den anderen kein Verständnis erwartet. Das bringt ihr den Ruf der „Hochnäsigkeit" ein.

Mobbing

- ⇨ Hänseleien durch die meisten Mädchen, speziell von den dominanten Mädchen Steffi und Evi
- ⇨ wird nicht zum gemeinsamen Mittagsimbiss eingeladen
- ⇨ wird von ihnen gemieden und „Schließfach" oder „Spardose" genannt
- ⇨ einige der anderen Mädchen halten sich aus Angst, die nächsten zu sein, heraus; andere möchten sich mit den Anführerinnen gut stellen
- ⇨ Die frühere Freundin Sylvia ist von den anderen Mädchen in der Klasse beeinflusst und spricht ebenfalls nicht mit Barbara.
- ⇨ wichtige Informationen werden Barbara vorenthalten; speziell die Materialien, die zur Vorbereitung einer Arbeit dienten und ausgeteilt wurden, als Barbara einmal fehlte
- ⇨ entsprechend schlecht fällt ihre Arbeit aus

B Praktischer Teil

3. Fallbeispiele

Barbara, Berufskolleg

„No Blame Approach“

- ⇨ Barbara wendet sich an die Mediatorinnen des Kollegs, die mit der Konfliktbearbeitung beauftragt sind.
- ⇨ Sie erhält die Empfehlung, mit der Beratungslehrerin Kontakt aufzunehmen.
- ⇨ Die Beratungslehrerin arbeitet mit dem No Blame-Ansatz; überzeugt Barbara davon, dass es Sinn macht, den in ihrem Fall einzusetzen.
- ⇨ Barbara nennt die Namen von Mitschülerinnen, die ihr zusetzen und erwähnt außerdem ihre frühere Freundin Sylvia sowie Sue und Sascha, die ihr Sympathie signalisieren.
- ⇨ Unterstützergruppengespräch verläuft anfangs sehr zäh; die beiden Haupt-Mobberinnen Evi und Steffi sträuben sich, für Barbara Mitgefühl zu entwickeln.
- ⇨ Der Beratungslehrerin gelingt es, einen Perspektivwechsel einzuleiten: Sylvia, die Barbara lange kennt, versetzt sich in ihre Lage, bringt sie den anderen emotional nahe.
- ⇨ Die Betroffenheit bringt die Wende im Gespräch.
- ⇨ Die Schüler, allen voran Sue und Sascha, bieten an, Sylvia bei ihren entstandenen Defiziten zu helfen.
- ⇨ Die Mobberinnen können nur noch nachziehen; sie versprechen, Barbara zukünftig in ihre Aktivitäten einzubeziehen.

Reflexion

- ⇨ Die Mobberinnen haben keine Chance mehr mit ihrem Verhalten, auch wenn sie erst mal gerne noch dabei geblieben wären; denn es hat ja auch Spaß gemacht, zu intrigieren.
- ⇨ In diesem Fall wird das Mobbing aufgelöst, weil die vormaligen „Assistenten“ und die schweigenden Schüler nicht mehr mitmachen.
- ⇨ Die Methode, die hier eindeutig gegriffen hat, ist der „Perspektivwechsel“, veranlasst durch die Beratungslehrerin, die die vormalige Freundin von Barbara angeleitet hat, sich in Barbara hineinzuversetzen und so den anderen deren Situation nachvollziehbar machte.
- ⇨ Das Mobbing kam tatsächlich in dieser Gruppe nie wieder auf, auch wenn zwischen Barbara und den beiden Hauptmobberinnen keine Freundschaft mehr entstand.
- ⇨ Barbara fand zu ihren vorherigen Leistungen zurück.

B Praktischer Teil

3. Fallbeispiele

Lisa, Klasse 9

Schulische Situation

Schule: Klasse 9, Gymnasium

Leistungen: gut, arbeitet mit, erledigt ihre Aufgaben zuverlässig

Verhalten: zurückhaltend mit den anderen Schülern, auch in der Freizeit, macht Modeerscheinungen wie Kleidung, soziale Netzwerke, etc. nicht mit, kein Interesse an Jungen, fährt nicht mit auf Klassenfahrt

Mitschüler: Nicole sitzt neben ihr, verhält sich abwartend; Bruce und andere halten Lisa für eine Streberin; sie sind neidisch auf sie

Lehrer: kennt Lisas Situation, das Mobbing fällt ihm aber nicht auf

Häusliche Situation

Eltern: Mutter geht arbeiten, muss das Geld für die Familie heranschaffen; Vater, ehemaliger Lehrer, sitzt nach schwerem Unfall im Rollstuhl; Lisa betreut ihn in ihrer Freizeit; ihr Vater hilft ihr in schulischen Angelegenheiten

Geschwister: Einzelkind

Weder Lisa noch ihre Mutter möchten, dass die Mitschüler von der häuslichen Situation erfahren aus Sorge, sie könnte damit aufgezogen werden. Das Gegenteil aber tritt ein.

Der Klassenlehrer kann der Klasse daher auch schlecht erklären, warum Lisa nicht mit auf Klassenfahrt gehen kann.

Mobbing

- ⇨ Provokation und Hänseleien durch die Mädchen.
- ⇨ Lisa wird „Streberin“ und „Schleimerin“ genannt.
- ⇨ Sandra und Jasmine machen Bemerkungen wie „Da kommt das fleißige Lieschen“ oder „Liese, Liese ist ´ne Fiese“.
- ⇨ Wegen ihrer eher „braven“ Kleidung wird sie aufgezogen.
- ⇨ Das Mobbing verschärft sich immer weiter; es kommen Sachen weg, die später in Mülltonnen wiedergefunden werden.
- ⇨ Bruce treibt es besonders schlimm, macht Witze über ihr Aussehen und drückt ihr mehrmals einen nassen Schwamm von hinten ins Gesicht.
- ⇨ Mitschüler lachen oder schauen weg, einige davon fühlen sich betroffen, sagen aber nichts.
- ⇨ Besonders Nicole findet den Umgang schlimm, hat aber Angst, etwas zu sagen.

B Praktischer Teil

3. Fallbeispiele

Lisa, Klasse 9

„No Blame Approach"

- ⇨ Nach wiederholten Vorfällen mit dem Schwamm fasst Nicole sich ein Herz, wendet sich an zwei der Streitschlichter der Schule aus der Oberstufe.
- ⇨ Diese wissen, dass Mobbing nicht in ihren Kompetenzbereich gehört und überzeugen Lisa, sich an die Betreuerin der Mediatoren zu wenden.
- ⇨ Lisa geht mit starkem Herzklopfen in dieses Gespräch.
- ⇨ Die Schulmediatorin überzeugt sie vom Versuch, das Mobbing mit Hilfe des No Blame-Ansatzes zu stoppen.
- ⇨ Lisa schöpft Hoffnung, nennt nach einigem Zögern die Namen der Mobber.
- ⇨ Der heikelste Punkt ist die häusliche Situation: Die Schulmediatorin erklärt Lisa, dass sie diese erwähnen muss, um den Mitschülern überhaupt überzeugend Lisas Verhalten (ihre Zurückgezogenheit, das Nicht-Mitmachen von Freizeit-Aktivitäten, das Nicht-Auf-Klassenfahrt-Gehen) erklären zu können.
- ⇨ Im Gespräch mit den an Mobbing beteiligten Schülern, dem Klassensprecher und Nicole gelingt es der Schulmediatorin, bei den meisten Schülern – abgesehen von Bruce – Mitgefühl für Lisas häusliche Situation zu wecken.
- ⇨ Es entsteht sofort eine große Hilfsbereitschaft.

Reflexion

- ⇨ Hier war es einfach: Empathie bei den betroffenen Schülern zu wecken.
- ⇨ Bruce ändert sich dadurch allerdings nicht, wird aber künftig durch den Klassensprecher in die Schranken gewiesen.
- ⇨ Barbara erzählt nun freiwillig mehr von zuhause und erlebt, dass niemand sie deswegen ablehnt.
- ⇨ Ihre Eltern freuen sich natürlich und bedanken sich bei der Schulmediatorin.

KOHL VERLAG
Mobbing
... die etwas andere Gewalt - Bestell-Nr. 12 038

B Praktischer Teil

3. Fallbeispiele

Markus, Klasse 7

Schulische Situation

Schule: Klasse 7, Realschule
Leistungen: gut
Verhalten: gut integriert, ansonsten ohne Auffälligkeiten
Mitschüler: ist in einer Jungen-Peer-Group, Mädchen mögen ihn
Lehrer: erleben ihn als weitgehend wissbegierig und sozialkompetent, bekommen aber vom Mobbing nichts mit

Häusliche Situation

Eltern: Beide Elternteile versuchen ihren einzigen Sohn sehr zu beschützen; Mutter möchte nicht, dass er zu viel vor dem PC sitzt; er darf nur unter Aufsicht den Computer benutzen.
Geschwister: keine

Den Eltern verschweigt Markus die Schikane durch die Mitschüler. Er hat Angst, dass sie sich einmischen, mit den Lehrern reden oder sich sogar an die Eltern der Mitschüler wenden, was seine Situation nur verschlimmern würde.

Als Markus immer häufiger über Bauchschmerzen klagt und immer öfter zu Hause bleiben möchte, verabredet die Mutter einen Arzttermin. Erst jetzt, nach Monaten, vertraut Markus sich seiner Mutter an. Sie ist empört und wendet sich unverzüglich an den Klassenlehrer.

Mobbing

- ⇨ Schmierereien in der Jungentoilette: „Markus ist ein Klugscheißer!“ und „Markus ist schwul!“, unverkennbar in Peters Handschrift
- ⇨ Peter war ehemals sein bester Freund
- ⇨ Freunde ziehen sich zurück
- ⇨ Markus ist wütend und will Peter zur Rede stellen
- ⇨ Peter verhöhnt Markus und die „neuen“ Freunde machen mit, halten das Ganze für einen tollen Spaß
- ⇨ Markus versteht die Welt nicht mehr und versucht, die anderen zur Vernunft zu bringen, ohne Erfolg
- ⇨ er fühlt sich allein gelassen und zunehmend ohnmächtig
- ⇨ sie verbreiten zusätzlich Lügengeschichten, schließen ihn aus allen Aktivitäten aus
- ⇨ Jessica behauptet, er versuche sie zu küssen und anzugrapschen.

B Praktischer Teil

3. Fallbeispiele

Markus, Klasse 7

„No Blame Approach“

- ⇨ Der Klassenlehrer und die Eltern erkennen dringende Notwendigkeit einz greifen.
- ⇨ Der Klassenlehrer informiert die Eltern darüber, dass es an der Schule eine „Mobbingexpertin“ gibt, die mit dem No Blame-Ansatz arbeitet, erläutert ihnen diesen und verspricht zeitnahe Umsetzung.
- ⇨ Der Klassenlehrer vermittelt ein Gespräch zwischen Markus und der Kollegin.
- ⇨ Dieser Lehrerin gelingt es mit sehr viel Einfühlung und Geschick, Markus Ängste entgegenzunehmen, sein Vertrauen zu gewinnen und ihn zu motivieren, sich auf den „No Blame Approach“ einzulassen.
- ⇨ Sie organisiert das Gespräch mit einer Unterstützergruppe, in der die Drahtzieher des Mobbings, Peter, Andy und Jessica sowie der Klassensprecher Mike, die Schülerinnen Diana und Miriam, eine alte Freundin aus Grundschulzeiten, teilnehmen

Reflexion

- ⇨ das Gespräch anfänglich recht schwierig, weil Peter und Andy in eine Verteidigungsposition gehen und Jessica sehr zickig auftritt
- ⇨ es ergibt sich tatsächlich eine Wende zum Konstruktiven, als sie feststellen, dass sie nicht beschuldigt werden
- ⇨ Mike und Diana und Miriam sind sehr betroffen, erkennen aber auch ihre Verantwortung innerhalb der Gruppe
- ⇨ den Dreien ist zu verdanken, dass die Gruppe beginnt, konstruktive Vorschläge zu entwickeln, zum Beispiel etwas mit Markus unternehmen und darauf achten, dass die anderen ihn nicht mehr schikanieren
- ⇨ Peter, Andy und Jessica schlagen unter dem „Gruppendruck“ vor, Markus in Ruhe zu lassen
- ⇨ Lehrerin erkennt bei Peter und Jessica die ehrliche Bereitschaft, ihr Verhalten zu verändern, wahrscheinlich motiviert von Angst vor Machtverlust
- ⇨ Andy bekommt ein schlechtes Gewissen
- ⇨ L. ist zuversichtlich, dass diese Verhaltensänderung auch zu einer Gesinnungsänderung führt
- ⇨ Nachgespräche bestätigen die Entwicklung
- ⇨ Markus Lage verbessert sich: Er geht wieder regelmäßig zur Schule und beginnt, sich in der Klasse wohl zu fühlen
- ⇨ auch die Klasse hat dazugelernt; Klassenklima verbessert sich
- ⇨ Mobber selbst erhalten eine neue Chance, in der Gruppe positiv in Erscheinung zu treten; wirken erleichtert, frei von der alten, auch für sie selbst ungünstigen Rolle
- ⇨ können neu anfangen

B Praktischer Teil

3. Fallbeispiele

Tina, Klasse 10

Schulische Situation

Schule: Klasse 10, Gymnasium

Leistungen: überaus intelligent und erfolgreich, Kreismeisterin im Tennis

Verhalten: unauffällig

Mitschüler: Viele Mädchen stören sich an ihrem Erfolg, ihrer Beliebtheit bei den Lehrern. Sie empfinden sie als „anders". Sie fällt aus ihrer Norm. Die wenigen Jungen in der Klasse akzeptieren sie. Die Jungen spielen in der mädchendominierten Klasse eine untergeordnete Rolle, halten sich aus allem heraus.

Lehrer: Tina ist sehr beliebt. Die Lehrer bekommen vom Mobbing nichts mit.

Häusliche Situation

Eltern: Mutter Hausfrau, Vater erfolgreicher Geschäftsmann

Geschwister: älterer Bruder und ältere Schwester

Tina hat als „Nesthäckchen" eine gute Beziehung zu ihren Eltern. Sie beobachten, dass es ihr schlecht geht, sind aber ratlos. Sie haben bereits mit dem Klassenlehrer gesprochen, dieser wiederum mit der Klasse, aber ohne Erfolg.

Als die Situation im Anschluss an ein Drogenberatungsprojekt, in dem auch die Beziehungsgeflechte innerhalb der Klasse thematisiert werden, eskaliert, sucht der Vater das Gespräch mit der Mobbingexpertin der Schule und berät sich mit ihr.

Mobbing

- ⇨ Tina wird ausgegrenzt, weil sie dem Kleidungskodex der Klasse nicht entspricht, andere Interessen hat, „anders" ist.
- ⇨ Die Anführerinnen der Mädchenclique Anke, Cornelia und Laura vermeiden jeglichen Kontakt zu ihr und sorgen dafür, dass viele Mädchen sich diesem Boykott anschließen.
- ⇨ Wiederholt versucht Tina erfolglos, Kontakte zu knüpfen.
- ⇨ Als sie sich in der Stufe 8 an die damalige Klassenlehrerin wendet, bekommt sie den Rat: „So, wie du dich gibst, machst du dich zur Außenseiterin! Pass dich doch einfach mehr an!"
- ⇨ Der Konflikt, der seit der Grundschulzeit beständig gewachsen ist, verfestigt sich im Laufe der Pubertät.
- ⇨ Anke und die Clique sagen ihr schließlich unmissverständlich: „Lass uns in Ruhe. Hör endlich auf, dich bei uns anzubiedern! Wir wollen nichts mit dir zu tun haben!"

B Praktischer Teil

3. Fallbeispiele

Tina, Klasse 10

„No Blame Approach“

- ⇨ Die Lehrerin erläutert dem Vater den „No Blame Approach“ und lädt Tina zu einem Gespräch ein.
- ⇨ Tina, von ihrem Vater motiviert, lässt sich bereitwillig auf das Gespräch ein, ist jedoch zunächst sehr skeptisch, ob sie dem Unterstützergruppen-Ansatz zustimmen soll.
- ⇨ Sie gibt ihr OK erst nach einem langen Telefongespräch zu dritt (Tina, Lehrerin, Vater).
- ⇨ Zum Gespräch geladen werden: Anke, Cornelia und Laura, die „Drahtzieherinnen“; Andre, der Klassensprecher; Sabine, eine Freundin, die sich in letzter Zeit zurückgezogen hat; Meike, eine sozial kompetente Schülerin; Matthias, den Tina einfach gerne dabei haben möchte.
- ⇨ Die Mobberinnen sind zu Beginn des Gesprächs verunsichert; Sabine verschüchtert; die Jungs wissen nicht, was sie dort sollen.
- ⇨ Anke verweist auf ihre eigenen Probleme daheim; Lehrerin bietet ihr einen Gesprächstermin an.
- ⇨ Laura versucht die Lehrerin in einen Machtkampf zu zwingen. Diese lässt sich nicht darauf ein; bleibt konsequent bei ihrer wertschätzenden, aber auch fordernden Haltung.
- ⇨ Laura lässt sich schließlich auf die Empathieübung ein.

B Praktischer Teil

3. Fallbeispiele

Tina, Klasse 10

Reflexion

- ⇨ Das Gespräch wird im Wesentlichen durch drei Faktoren bestimmt:
  1. Klare Haltung der Lehrerin, einerseits wertschätzend (auch Anke wird mit ihren Problemen gesehen); andererseits aber auch fordernd (sie signalisiert: „Es gibt für euch keinen Weg zurück!").
  2. Die Lehrerin lässt sich nicht in einen Machtkampf verstricken.
  3. Die Jungen bekommen ihre Rolle.
- ⇨ Den Wendepunkt leitet die Bereitschaft von Anke ein, sich in Tina einzufühlen.
- ⇨ Auf Tinas Stuhl sitzend: „Wenn ihr mich so behandeln würdet, dann wärt ihr für mich gestorben!"
- ⇨ Die anderen reagieren betroffen.
- ⇨ Damit scheint die Macht der Mobberinnen gebrochen.
- ⇨ Bei der Sammlung von Ideen kommen jetzt zunächst die anderen ins Spiel:
  1. Andre lässt sich bei seiner Ehre als Klassensprecher packen und verspricht einzuschreiten, wenn die Mädchen Tina ärgern. Er will auch ein Match von ihr besuchen.
  2. Meike, Matthias und Sabine wollen ihn unterstützen und mitmachen.
  3. Anke, Cornelia und Laura schlagen vor, Tina in Ruhe zu lassen und bei den Mitschülerinnen keinen Druck mehr gegen Tina aufzubauen.
- ⇨ Die Gruppe verändert ihr Verhalten und mit ihr die ganze Klasse.
- ⇨ Das Mobbing ist gestoppt.
- ⇨ Tina geht es zunehmend besser.
- ⇨ Obwohl man ihr in der Klassenstufe 10 aufgrund ihrer guten Leistungen rät, eine Klasse zu überspringen, folgt sie diesem Rat nicht. Sie will in der Gruppe bleiben und mit ihrer Stufe Abitur machen. Und dieses Vorhaben setzt sie dann auch um.
- ⇨ Auch Anke bekommt ihren Termin und die Hilfe der Lehrerin.
- ⇨ Sie lässt sich im folgenden Schuljahr zur Streitschlichterin ausbilden.

B Praktischer Teil

4. Der Unterstützergruppen-Ansatz in anderen schulischen Feldern

Inklusion

Auf unseren Fortbildungen erleben wir häufig mit, welche Herausforderung für viele Schulen die Organisation und Durchführung des gemeinsamen Lernens von Kindern mit und ohne Behinderung bedeutet. Da seit einigen Jahren Inklusion an vielen Schulen mehr oder weniger „verordnet“, aber sehr unzureichend vorbereitet wurde, machen sich Empfindungen von Überforderung und Hilflosigkeit bei den betroffenen Lehrkräften breit.

Diese können sicherlich nicht alleine mit einem Konzept wie dem des „No Blame Approach“ aufgefangen werden. Dennoch denken wir, dass flankierend hier auch Teile dieser Methode eingesetzt werden können. Neben den personalen, didaktischen, organisatorischen und strukturellen Aufgaben, die das Konzept von den Beteiligten einfordert, sind es aber aus unserer Sicht nicht zuletzt auch die psycho-sozialen Dimensionen, die die Weichen dazu stellen, ob Inklusion gelingt oder nicht.

Wir möchten daher hier auch nicht das Für und Wider des in Fachkreisen recht umstrittenen Inklusionskonzepts diskutieren, auch nicht seine didaktischen und strukturellen Implikationen; uns geht es hier hauptsächlich um den Gedanken, wie eine bestehende Lerngruppe auf Kinder, die anders sind als die bereits anwesenden, nämlich Kinder mit Behinderungen, vorbereitet werden kann, damit Inklusion sich nicht ins Gegenteil verkehrt und zur Ausgrenzung der Betroffenen führt.

Ein pädagogisches Konzept, das zum Ziel hat, alle Kinder einer Klasse inklusiv zu beschulen, sie alle zu einer homogenen Klassengemeinschaft zu formen, sollte aus unserer Sicht schwerpunktmäßig **den sensiblen Umgang mit und die Wertschätzung von Andersartigkeit** zum zentralen Thema haben. Denn wenn Vorurteile und Berührungsängste eine große Rolle spielen, besteht die Gefahr der Ausgrenzung der zu integrierenden Kinder, und die Inklusion scheitert daran. Die Mechanismen, die in solchen Fällen eine Rolle spielen, können nach dem gleichen Schema ablaufen, wie wir das in unserem Kapitel zur Mobbing-Problematik ausgeführt haben.

Daher kann unserer Meinung nach auch in diesem Kontext der „No Blame-Ansatz“ mit seiner humanistisch orientierten Grundausrichtung und seiner Schwerpunktsetzung auf Empathie und Kooperation wertvolle Anstöße geben. Es empfiehlt sich hier geradezu, methodische Elemente aus dem „No Blame-Ansatz“ wie den **Perspektivwechsel** und die **Ideensammlung zur Unterstützung** der Neu-Ankömmlinge präventiv in Gruppengesprächen einzusetzen, wie im nächsten Kapitel im Zusammenhang mit Integrationsarbeit beschrieben.

Migration

Desweiteren – und nicht erst seit dem „Flüchtlingsjahr“ 2015 – stellt die Integration von Migranten- und Flüchtlingskindern eine große Herausforderung für viele Schulen dar. Bei der zuweilen sehr hohen Anzahl der schulischen Neuzugänge aus anderen Kulturkreisen ist die „Willkommenskultur“ nach wie vor vorbildlich in unseren Schulen, aber sie ist auch mit großer Anstrengung und enormem Einsatz verbunden.

B Praktischer Teil

4. Der Unterstützergruppen-Ansatz in anderen schulischen Feldern

Migration

Es existieren mittlerweile in allen Bundesländern Konzepte und Leitfäden[27], die Organisatorisches und Juristisches für die Verantwortlichen regeln, auch existieren vielfältige integrationsfördernde Unterrichts-Materialien. Aus den früheren sogenannten Integrations- oder „Multi-Kulti"-Klassen (wie sie an einigen Gesamtschulen hießen) sind mittlerweile „Willkommensklassen" geworden, in denen Schüler entsprechend ihren Vorkenntnissen in kleinen Gruppen unterrichtet werden, damit sie möglichst schnell Deutschkenntnisse erwerben können und ihnen somit der zügige Übergang in eine Regelklasse ermöglicht wird. Was aus unserer Sicht jedoch zu wenig berücksichtigt wird, ist die Vorbereitung der empfangenden Klassen, wie bereits beim Thema „Inklusion" erwähnt. Um zu vermeiden, dass die bestehenden Klassenmitglieder überfordert werden und um sie besser einzustimmen auf die Neuankömmlinge, sind aus unserer Sicht spezielle Maßnahmen gefordert.

⇨ Wie könnte das in der Praxis aussehen?

Für beide Bereiche (Inklusion und Integration) gilt, dass Werte und Rituale, die in einer bestehenden Gruppe vorherrschen, oftmals unbewusst Barrieren gegen „Gruppenfremde" sind und dazu beitragen können, dass ein Neuankömmling auf „unvorteilhafte" Art entgegengenommen wird. Diese Barrieren sind ähnlich denjenigen, die auch in Mobbing-Situationen auftauchen, sodass hier ein Konfliktpotential entsteht, das unserer Erfahrung nach mit entsprechender Umsicht und Vorausplanung vermieden werden kann. Wird ein „Neuling" in einer Klasse erwartet, kann man die betreffende Gruppe so darauf vorbereiten, dass Ausgrenzung von vorneherein im Keim erstickt wird. Das Hauptziel und zentrale Anliegen müssen daher sein, bei den „empfangenden" Schülern Interesse und Empathie für die Befindlichkeit des neuen Schülers zu wecken. Dazu braucht es Kenntnisse über die Situation des zu integrierenden Schülers, ebenso wie dies in Mobbing-Situationen in Bezug auf den gemobbten Schüler der Fall ist. Mit solch „emotionalem Rüstzeug" ausgestattet, lässt man die Beteiligten Ideen dazu entwickeln, was jeder Einzelne tun kann, um den neuen Mitschüler willkommen zu heißen und ihn unterstützend in die Klassengemeinschaft aufzunehmen.

⇨ Wie lässt sich dies jedoch so realisieren, dass die bestehende Gruppe auch wirklich Interesse und Empathie entwickeln kann?

Nehmen wir an, ein Flüchtlingskind aus Syrien wurde bereits einige Zeit in einer Integrationsklasse beschult und soll nun die ersten (und später viele weitere) Unterrichtsstunden in seiner neuen „Zielklasse" verbringen. Zu diesem Zweck wird der Beauftragte des „No Blame Approach" angesprochen. Er lädt den Schüler ein und erkundigt sich – ganz so, wie im Gespräch mit dem Gemobbten geschildert – nach dessen Situation und Wohlbefinden. Er versucht dabei, ausführliche Informationen einzuholen. Der Gesprächsführende holt sich anschließend das Einverständnis des zu integrierenden Kindes ab, dass er mit der Empfangs-Klasse über ihn und seine Situation sprechen darf, und er bespricht mit ihm, was die Klasse über ihn erfahren darf und was nicht.

[27]zum Beispiel: Senatsverwaltung Berlin für Bildung, Jugend und Wissenschaft: Leitfaden zur Integration von neu zugewanderten Kindern und Jugendlichen in die Kindertagesförderung und die Schule. Berlin 2016
Oder: Ministerium für Kultus, Jugend und Sport Baden-Württemberg: Flüchtlingskinder und jugendliche Flüchtlinge in der Schule. Stuttgart 2015

B Praktischer Teil

4. Der Unterstützergruppen-Ansatz in anderen schulischen Feldern

Migration

Im zweiten Schritt wird mit Hilfe des Klassenlehrers eine kleine Gruppe von „Hilfsexperten“ zusammengestellt, die sowohl aus Schülern besteht, die als eher aggressiv bekannt sind, als auch aus sozial kompetenten Kindern. Ebenso sollte der Klassensprecher einbezogen sein. Es ist sehr wichtig, diese „Hilfsexperten“ sorgsam auszusuchen, damit sie idealerweise in etwa die unterschiedlichen „Strömungen“ innerhalb der Klasse widerspiegeln.

Der Ablauf ist gleich wie vorher beschrieben: Die derart zusammengestellte Schülergruppe wird zu einem bestimmten Zeitpunkt nach Absprache mit dem jeweiligen Fachlehrer aus dem Unterricht genommen und in einem Gespräch gebeten, sich in die Lage des Neuankömmlings zu versetzen und Unterstützer-Angebote zu unterbreiten. Die Hilfsbereitschaft ist aus unserer Erfahrung hier besonders hoch; denn der Leidensweg eines Flüchtlingskindes kann keinem Schüler gleichgültig sein.

Anders als in Mobbing-Situationen werden in diesem Fall die Mitglieder der Unterstützer-Gruppe anschließend gebeten, das Anliegen und ihre Anregungen – gleich einem Schneeballeffekt – in die Klasse zu tragen. Auf diese Weise wird der gesamten Gruppe ein Teil der Verantwortung für das Wohl des neuen Mitschülers übergeben. Eine solche Aufgabe stärkt den Zusammenhalt der Klasse und bietet zudem weiterführende Unterrichtsziele und -anlässe im Zusammenhang mit der Flüchtlingsproblematik.

B Praktischer Teil

5. Implementierung

Beweggründe für eine Einführung

- Schulen suchen nach geeigneten Anti-Mobbing-Strategien.
- Sozialarbeiter und Lehrkräfte mit Kompetenzen und Erfahrung in Konfliktbearbeitung geben den Anstoß zu einem Gesamtkonzept.
- Schulen mit Schwerpunkt auf Sozialkompetenz und Konfliktkultur wünschen sich nachhaltige Konzepte.
- Eltern geben den Anstoß.

Was kann eine Schule dazu bewegen, das Anti-Mobbing-Konzept „No Blame Approach „als neuen Baustein in die Institution aufnehmen und implementieren zu wollen? Wie kommt eine Schule darauf, und was verspricht sie sich davon? Wir haben festgestellt, dass verschiedene Überlegungen den Anstoß dazu geben können.

Für Schulen, die in ihrem Profil einen Schwerpunkt auf sozialkompetente Fertigkeiten gelegt haben, ist dieser Ansatz ein weiteres wertvolles Konzept, das sowohl präventiv als auch interventiv bei Mobbing eingesetzt werden kann. Anregungen hierzu kommen häufig von Lehrkräften, die darüber gelesen oder gehört haben bzw. auf Fortbildungen auf den Ansatz aufmerksam gemacht wurden und das Konzept und seine praktische Umsetzung sowie seine Nähe zur Mediation überzeugend fanden. Ebenfalls geben hin und wieder Eltern, deren Kinder mit Mobbing-Erfahrungen konfrontiert wurden, den Anstoß dazu, dass sich die Schule ein Mobbing-Interventions-Programm überlegen sollte.

Andere Schulen, zum Beispiel solche, die sich auf die Qualitätsanalyse[28] vorbereiten, vereinbaren gelegentlich im Abstimmungsgespräch mit den Prüfern, ein besonderes Augenmerk auf die Schulkultur[29] zu werfen. In den Prüfkriterien für die Qualitätsanalyse an den Schulen Nordrhein-Westfalens sind bezeichnenderweise unter dem Oberbegriff „Schulkultur“ zum Thema 3.2 „Soziales Klima“ die folgenden sieben Kriterien aufgeführt:

3.2.1	Die Schule fördert die Identifikation der Beteiligten mit der Schule.
3.2.2	Die Schule hat eindeutige Regeln für die Umgangsformen festgelegt.
3.2.3	Die Lehrkräfte fühlen sich für die Einhaltung der Verhaltensregeln verantwortlich.
3.2.4	Die Schule reagiert konsequent auf Regelverstöße.
3.2.5	Die Schülerinnen und Schüler fühlen sich in der Schule sicher.
3.2.6	An der Schule herrscht ein respektvoller und freundlicher Umgang zwischen den Beteiligten.
3.2.7	Die Schule hat ein akzeptiertes Beschwerdemanagement entwickelt.

[28] „Die Qualitätsanalyse ist ein Verfahren der externen Evaluation in Nordrhein-Westfalen. Ihr vorrangiges Ziel ist die Unterstützung der Schulen in ihrer Schul- und Unterrichtsentwicklung. Es gilt, über die Analyse der schulischen Prozesse den Ist-Stand schulischer Arbeit aufzuzeigen, mit Hilfe von Analysekriterien die Qualität von Schule und Unterricht zu bewerten und Impulse zur Weiterentwicklung zu setzen. Für alle Schulen in NRW besteht die Verpflichtung, sich an der Qualitätsanalyse zu beteiligen.“ (s. § 3 Schulgesetz NRW)

[29] Laut Ministerium für Schule und Weiterbildung des Landes Nordrhein-Westfalen „ist der Begriff <Schulkultur> umfassend zu verstehen und zielt auf die Pflege einer lebendigen und wertschätzenden Schulgemeinschaft. Er umfasst die Gestaltung der Schule als <Lebensraum>, außerschulische Lernorte und Kooperationen sowie die Gestaltung der persönlichen Beziehungen und der schulischen Arbeitsabläufe.“ Quelle: https://www.schulministerium.nrw.de/docs/Schulentwicklung/Qualitaetsanalyse/Tableau/Tableau/3_Schulkultur/

B Praktischer Teil

5. Implementierung

Beweggründe für eine Einführung

Unter diese Maxime lassen sich natürlich auch andere Gewaltpräventions-Konzepte ordnen, aber gerade solche mediativen Ansätze wie Peer Mediation (Schüler-Streitschlichtung) oder eben auch der Unterstützergruppen-Ansatz erfüllen diese Kriterien in besonderem Maße, sodass Schulen mit dem Anspruch einer gepflegten Schulkultur solche Bausteine gerne in ihrem Sozialgefüge verankern.

Oft sind es jedoch konkrete Anlässe, die eine Schule nach einem geeigneten Konzept suchen lassen, wenn zum Beispiel gehäuft Mobbingfälle auftreten oder – wie wir selbst vielfach die Erfahrung machen mussten – weil an einer Schule mit dem Peer-Mediation-Modell die Streitschlichter sich an ihre Coaches wenden, um Rat einzuholen, weil der Peer-Ansatz hier alleine nicht mehr weiterhilft, wenn es um einen asymmetrischen Konflikt wie Mobbing geht.[30]

An einer Schule sprach ein Kinderarzt auf einer Elternversammlung die Kollegen an und wies auf die dringende Notwendigkeit hin, in der Schule eine Anlaufstelle für gemobbte Kinder zu haben. Der Hintergrund war, dass ein gemobbter Junge auf keinen Fall wollte, dass mit seinen Eltern gesprochen und diese um Mithilfe gebeten wurden. Der tief besorgte Arzt hätte gerne dem Kind einen Ansprechpartner innerhalb der Schule angeboten. Das hätte ihn sehr entlastet und dem Jungen mit Sicherheit geholfen. Eine Schule mit dem „No Blame-Ansatz“ kann hier sogleich Unterstützung anbieten.

Manchmal existieren an einer Schule bereits vereinzelte Hilfsangebote zum Beispiel durch Sozialarbeiter, Schulpsychologen oder Beratungslehrer, die von gemobbten Schülern aufgesucht werden können. Diese sehr kompetenten Kollegen sind aber oft nur befugt oder befähigt, mit dem einzelnen Schüler, dem Mobbing-Opfer, zu arbeiten, haben aber kein Konzept zur Bekämpfung des Gruppengeschehens Mobbing.

Es ist sicherlich wichtig, das Mobbing-Opfer zu stärken – parallel sollte dies auch immer geschehen – aber die beste Hilfe für das Opfer ist definitiv, das Mobbing zu stoppen, und da sind weitergehende Maßnahmen gefragt. Das merken die Kollegen, die Sozialarbeiter oder Schulseelsorger in der Regel auch recht bald und suchen nach Möglichkeiten, ihre Kenntnisse zu erweitern. So kommt es, dass unsere Fortbildungen auch von solchen Fachkräften besucht werden. Diese werben im Anschluss daran für die Einrichtung des „No Blame Approach“ an ihren Schulen und werden dort die Ansprechpartner sein, wenn das Konzept erst einmal eingerichtet ist.

[30] Vgl. Caesar, V.: Konfliktbüro Oberstufe. Spektrum der Mediation. Berlin 2005, S. 33-36

B Praktischer Teil

5. Implementierung

Erfordernisse und Voraussetzungen einer Implementierung

- Erfolgreiche Implementierung setzt die Informiertheit aller Gremien voraus.
- Ein entsprechendes Konzept muss an die schultypischen Belange angepasst werden.
- Akzeptanz durch Kollegium und Schulleitung ist unerlässlich.
- Präventionsarbeit zum Mobbing-Thema sollte in allen Stufen geleistet werden.
- Werbemaßnahmen innerhalb der Schule sollten das Konzept „wach" halten.

Bis dahin ist allerdings noch ein weiter Weg. Denn wie beim „Peer-Mediation-Ansatz" und anderen gewaltpräventiven und -interventiven Projekten reicht es auch bei diesem Konzept nicht aus, wenn nur einige wenige Kollegen als Einzelkämpfer darin geschult sind und versuchen, damit in der Schule erfolgreich zu arbeiten. Daher sollte unbedingt vermieden werden, dass diese engagierten Kollegen sich über kurz oder lang überfordert fühlen, weil sie kaum Mitstreiter haben, ständig Überzeugungsarbeit leisten oder sogar gegen Widerstände ankämpfen müssen, wie wir das in den ersten Jahren nach Einführung des „Peer-Mediation-Konzepts" an deutschen Schulen erlebt haben.[31]

Auch weil Mobbing größere Gruppen betrifft – in der Regel und wie beschrieben immer ganze Klassen – erfordert der Ansatz die Bereitschaft möglichst aller Kollegen, dieses Konzept an ihrer Schule zu akzeptieren und es bei Bedarf auch wirklich einsetzen zu wollen. Wie beim Konzept der Streitschlichtung sind auch hier von den Kollegen wichtige inhaltliche und organisatorische Eckpunkte zu beachten, zum Beispiel Schüler für ein entsprechendes Gespräch aus dem Unterricht zu entlassen, ohne große Aufmerksamkeit zu erregen, und auf die gewohnten eigenen Interventionsmaßnahmen bei Mobbing zu verzichten, was schwerer sein kann, als man denkt.

Alleine schon diese Tatsache, dass der No Blame-Prozess in schulische Infrastrukturen (Herausnahme von Schülern aus Unterrichtseinheiten, Raumbedarf etc.) hineingreift, macht ihn zu einem Konzept, das alle am Schulleben Beteiligte kennen sollten. Nicht zuletzt ist auch die Kenntnis des Konzepts durch die Elternschaft in diesem Zusammenhang mehr als hilfreich.

Der Kollege, der bereits fortgebildet wurde und den „No Blame Approach" in der Lehrerkonferenz empfehlen möchte, regt dann evtl. an, einen externen Referenten zu einer pädagogischen Tagung einzuladen, damit das Gesamtkollegium einen Eindruck von diesem Konzept bekommt. (Als Kollege im eigenen Kollegium eine solche Einführung anzubieten, ist nach unserer Erfahrung kontraproduktiv – diverse Beziehungsgeflechte, Umgang mit Skeptikern etc. machen es dem Kollegen im eigenen Umfeld schwer.). In Systemen mit Schulsozialarbeitern ist es sinnvoll, dass diese mit den Lehrern zusammen an der Fortbildung teilnehmen. Neben dem Lernzuwachs in der Mobbinginterventions-Strategie kann hier unserer Erfahrung nach eine „Ver-Teamung" zwischen Sozialarbeitern und Lehrern erreicht werden.

[31] Vgl. Caesar, V.: Konfliktbüro Oberstufe. Spektrum der Mediation. Berlin 2005, S. 33-36

B Praktischer Teil

5. Implementierung

Erfordernisse und Voraussetzungen einer Implementierung

Diese beiden Gruppen stellen sehr häufig nebeneinander bestehende isolierte Systeme dar, obgleich sie einander doch so sehr brauchen. Über das inhaltliche Thema können auf diese Weise Synergieeffekte wie Vernetzung und Kooperation stattfinden.

Unsere Empfehlung ist ein ein- bis zweitägiges Seminar mit folgenden Inhalten:

⇨ Informationsvermittlung über die Merkmale und Besonderheiten von Mobbing;

⇨ praktische Übungen dazu, die teilweise auch präventiv eingesetzt werden können;

⇨ Gesprächsführungstraining der wesentlichen Elemente des „No Blame-Ansatzes“.

Wenn wir von Teilnehmern unserer Workshops an ihre Schule eingeladen wurden, um dort den „No Blame-Ansatz“ vorzustellen, haben wir vor allem Wert auf die folgenden Kriterien gelegt, die unserer Meinung nach eine schulinterne Fortbildung erfüllen sollte:

- ein hoher Informationswert
- möglichst viele praktische Anteile zur Sensibilisierung der Teilnehmer
- Übungen, die in der Präventionsarbeit mit den Schülern eingesetzt werden können;
- Anhörung und Würdigung der Skeptiker
- eine Phase mit genügend Zeit, in der die Kollegen das Für- und Wider und die nächsten Schritte untereinander verhandeln können

Als nächstes sollte eine Evaluierung der Fortbildung stattfinden, sowie ein Austausch darüber, ob das Konzept an der Schule eingeführt werden soll. Da es der Zustimmung der Schulleitung bedarf und die Bereitschaft der Kollegen voraussetzt, sich darauf einzulassen, ist die Lehrerkonferenz der Ort, an dem darüber abgestimmt wird. Weitere Kollegen könnten in diesem Gremium Interesse zeigen, sich in dem Ansatz ausbilden zu lassen, sodass – je nach Schulgröße – 2 bis 6 Kollegen einsatzbereit gemacht werden.

Steht der Konferenzbeschluss, macht es Sinn, eine Steuergruppe einzurichten mit dem Auftrag, ein Konzept zu erarbeiten. Wir bieten in unseren Kursen den Kollegen an, dass wir in ihre Schule kommen und sie bei der Erstellung des auf ihre Schule passgenau zugeschnittenen Konzepts unterstützen. Nach einer Konzepterstellung wird dieses dann in einer weiteren Konferenz den Kollegen vorgestellt. In der Schulkonferenz werden anschließend Schüler- und Elternvertreter informiert.

Da auch die Eltern erfahren sollten, dass in Mobbing-Fällen Vorsorge getroffen ist und ein alltagstaugliches Praxiskonzept existiert, ist es wichtig, dass sie, sobald ihr Kind in der jeweiligen Schule beginnt, darüber informiert werden. So könnten zum Beispiel auf den ersten Elternabenden der „No Blame Approach“ – ebenso wie die anderen an der Schule etablierten Konzepte – kurz vorgestellt und auf deren Bedeutung hingewiesen werden.

Auch in den schuleigenen Werbematerialien sollte dieses Konzept beschrieben sein. Auch ließen sich dauerhaft Informationsblätter am „schwarzen Brett“ der Schule anbringen, auf denen die Ansprechpartner für Mobbing bekannt gemacht werden.

B Praktischer Teil

5. Implementierung

Erfordernisse und Voraussetzungen einer Implementierung

Es empfiehlt sich weiterhin, dass die schulinternen Mobbingexperten sich zu feststehenden und mit der Schulleitung abgesprochenen Terminen in den Klassen vorstellen und von ihrer Arbeit berichten. In manchen Schulen erfolgt dies im Rahmen einer kurzen Unterrichtseinheit, die zum Beispiel lauten kann „Mobbing zum Thema machen“ und dort ein Element des Präventionskonzepts ist.

Für die gesamte Schulgemeinschaft ist es wichtig, dass jeder weiß, wer Ansprechpartner für Mobbing ist. Neben den erwachsenen Mobbing-Experten können das auch andere Kollegen sowie die Schüler-Streitschlichter sein, die zwar nicht selbst intervenieren, aber den Kontakt zu den Experten herstellen können.

Im Rahmen eines Präventionskonzepts sollten die Schüler mehrmals im Laufe ihrer Schullaufbahn altersgemäß mit geeigneten Übungen und Medien (zum Beispiel im Deutsch-, Religions-, Sozialkunde-Unterricht) über die Mobbing-Thematik informiert und für dessen Wirkungszusammenhänge und Implikationen sensibilisiert werden.

B Praktischer Teil

6. Fazit und Ausblick

Wir wissen, dass der „No Blame Approach“ funktioniert!

Keine Methode, auch nicht der Unterstützergruppen-Ansatz, kann alle Mobbing-Fälle lösen; so gibt es selbstverständlich Grenzen, die in der Sache liegen, vor allem, wenn Straftaten in der jeweiligen Mobbing-Situation eine Rolle spielen. Bei offenkundigen Rechtsverstößen wie beispielsweise Körperverletzung, Nötigung und Sachbeschädigung, sind daher oftmals gesonderte Maßnahmen angebracht bzw. müssen aus juristischen Gründen auch eingefordert und eingesetzt werden.

Sicherlich gibt es Kinder, die sich nicht auf Konstruktives einlassen können, und solche, die trotz anfänglicher Bereitschaft wieder „rückfällig“ werden. Was aber dabei sehr wichtig ist, aber oft vergessen wird, ist die Tatsache, dass trotzdem auch in solchen hartnäckigen Fällen mit sehr schwierigen Schülern das Mobbing gestoppt werden konnte, einfach deswegen, weil die anderen Beteiligten sich weigerten, weiterzumachen und ein Mobber alleine „machtlos“ ist.

Wir haben die Methode so häufig eingesetzt, dass wir uns sicher sind, dass sie der richtige Weg gegen Mobbing ist. Falls dennoch Probleme auftauchten, haben wir in der Regel bald den Fehler gefunden, der entweder in der Organisation der Schritte des Ansatzes oder bei der Art und Weise der Gesprächsführung lag. Die Geschicklichkeit und das Einfühlungsvermögen des Gesprächsführenden sind das A und O des Ansatzes, wie auch Robinson dies betont. Und diese Fähigkeiten und Fertigkeiten können geschult werden.

Daher empfehlen wir allen, die den „No Blame Approach“ einsetzen wollen, sich auch praktisch in der Methode ausbilden zu lassen oder sich einen Experten mit ausgewiesener schulischer Erfahrung an die jeweilige Einrichtung (Schule, Tagesstätte, Jugendzentrum etc.) zu holen, der vor Ort weiterhelfen, Trainings mit einzelnen Kollegen durchführen und/ oder Supervision in der Methode anbieten kann.

Wir finden es sehr erfreulich, dass sich immer mehr Lehrer auf den Weg machen, sich über den „No Blame-Ansatz“ zu informieren und Workshops zu besuchen, in denen sie in Rollenspielen die Gespräche trainieren, mit denen sie gemobbten Kindern helfen und das soziale Gefüge in der jeweiligen Klasse von dieser „Krankheit“ Mobbing heilen können.

Wir möchten hier eine Kollegin zitieren, die eine unserer Fortbildungen besucht hat und deren eigener Sohn in der Grundschule gemobbt wurde. Unter Tränen sagte sie: „Es ist doch im Prinzip so einfach, Kindern, die so viel Leid durch Mobbing erfahren, zu helfen. Warum geschieht das nicht an viel mehr Schulen?“

Wir hoffen in diesem Sinne, dass wir Ihnen, unseren Kollegen, den „No Blame-Ansatz“ näher bringen konnten, wünschen Ihnen viel Erfolg damit in Ihrer pädagogischen Arbeit und möchten Ihnen mit den Worten George Robinsons Mut machen:

„ You Can You Know You Can.“

B Praktischer Teil

Kopiervorlage

7. Anhang

A 1 Mobbing-Präventiv-Maßnahmen I

Allgemeine Maßnahmen zur Stärkung der Klassengemeinschaft

Maßnahme	**das machen wir schon**	**das möchte ich anregen**
⇨ Kooperationsfördernde Arbeitsformen pflegen		
⇨ Schülerorientierte Unterrichtsformen anwenden		
⇨ Auf wertschätzende Lehrerhaltung und eigene Transparenz achten		
⇨ Gemeinschaftsfördernde Rituale einführen und pflegen		
⇨ Klassenregeln (incl. Sanktionsmöglichkeiten) erarbeiten		
⇨ Identitätsbildung/Ich-Stärke der Schüler/innen fördern		
⇨ Gefühle bei sich und den anderen (Empathie) erkennen und verbalisieren lernen		
⇨ Akzeptanz und Wertschätzung untereinander fördern		
⇨ Kooperatives Lernen fördern		
⇨ Konfliktlösungslernen trainieren		
⇨ Klassenprogramm zum „Anders streiten“ lernen		
⇨ Geburtstage und andere Feste feiern, Geschenke machen		
⇨ Lieblingsgegenstand mitbringen und der Klasse vorstellen		
⇨ Komplimente geben und empfangen		
⇨ Klassenidentität durch gemeinsame Unternehmungen fördern		
⇨ Das Thema „Freundschaft“ im Unterricht bearbeiten (z.B. „echte“ und „unechte“ Freundschaften)		
Weitere:		

7. Anhang

A 2 Mobbing-Präventiv-Maßnahmen II

Spezielle Maßnahmen in Bezug auf die Mobbing-Problematik

Maßnahme	das machen wir schon	das möchte ich anregen
⇨ Auf Alarmsignale möglicher Mobbing-Opfer achten (häufiges Zuspätkommen, Fehlen, Leistungsabfall, Krankheit)		
⇨ Infos zu Mobbing (Definition, Merkmale, Äußerungsformen, Beteiligte, etc.) vermitteln		
⇨ Der Klasse Fallbeispiele zu Mobbing vorstellen		
⇨ „Nein“ und „Stop“ sagen üben, sich abgrenzen lernen		
⇨ Die Opferperspektive schärfen (Empathie)		
⇨ Informationssystem installieren (Petzen versus Mitteilen)		
⇨ Die Klasse zur Mobbing-freien Zone erkären		
⇨ Umfrage zum Thema Mobbing in der Klasse machen		
⇨ Mobbing-verstärkendes und Mobbing-abwehrendes Schülerverhalten beschreiben und unterscheiden		
⇨ Bei Mobbing-Verdacht u.U. Klassengespräch führen (jegliche Gefährdung des Mobbing-Opfers vermeiden!)		
⇨ Übungen zum Unterschied zwischen Streit und Mobbing machen		
⇨ Übungen zum Thema „Anderssein“ machen		
Weitere:		

Kopiervorlage

7. Anhang

A 3 Mobbing-Präventiv-Maßnahmen an unserer Schule

Systemische Maßnahmen (ggfs. mit Unterstützung externer Fachleute)

Maßnahme	**das machen wir schon**	**das möchte ich anregen**
⇨ Sozialkompetenztraining als Unterrichtsfach		
⇨ Mediations- u. Beratungsangebote durch Schüler		
⇨ Achtung der Schülermitbestimmung		
⇨ Pflege von Kollegialer Information und Kooperation		
⇨ Pflege der Elternarbeit		
⇨ Einrichtung eines „geschützten“ Besprechungsraums		
⇨ Trainings mit dem KK Vorbeugung der Polizei		
⇨ Coolness-Training oder Anger-Management durchführen		
⇨ Unterstützergruppen-Ansatz („No Blame Approach“)		
⇨ Kollegiale Fallberatung		
⇨ Beratungsangebot durch Sozialarbeiter, Beratungslehrer, Schulpsychologen etc.		
Weitere:		

Schülervorlage

7. Anhang

A 4 Streit und/oder Mobbing?

Ordnet die unten stehenden Merkmale den jeweiligen Begriffen in der Tabelle zu! Ihr könnt gerne noch weitere Punkte hinzufügen.

aggressiv sein

Angst

Wut

den anderen zu verändern suchen

Alle gegen einen

Hass

Augen zu und wegsehen

Ausschluss aus Gruppenarbeiten

Befreiung aus eigener Kraft unmöglich

den anderen überzeugen

Bauchschmerzen

den anderen schädigen

ein Streit hat sich verfestigt

geplant

ein reinigendes Donnerwetter

Gerüchte verbreiten

erniedrigen

Schadenfreude

über unterschiedliche Meinungen auseinandersetzen

schwaches Selbstwertgefühl

spontan

über einen längeren Zeitraum

sich vertragen

oft heimlich und verdeckt

Menschen unterscheiden sich

quälen

Macht ausüben

nach Lösungen suchen

Neid

Hilflosigkeit

lächerlich machen

systematisch

jemanden bedrohen

kein Ausweg

keine Freunde

Sündenbock

B Praktischer Teil

Schülervorlage

7. Anhang

A 4 Streit und/oder Mobbing?

Streit	Streit + Mobbing	Mobbing

Schülervorlage

7. Anhang

A 5 Die Bühne

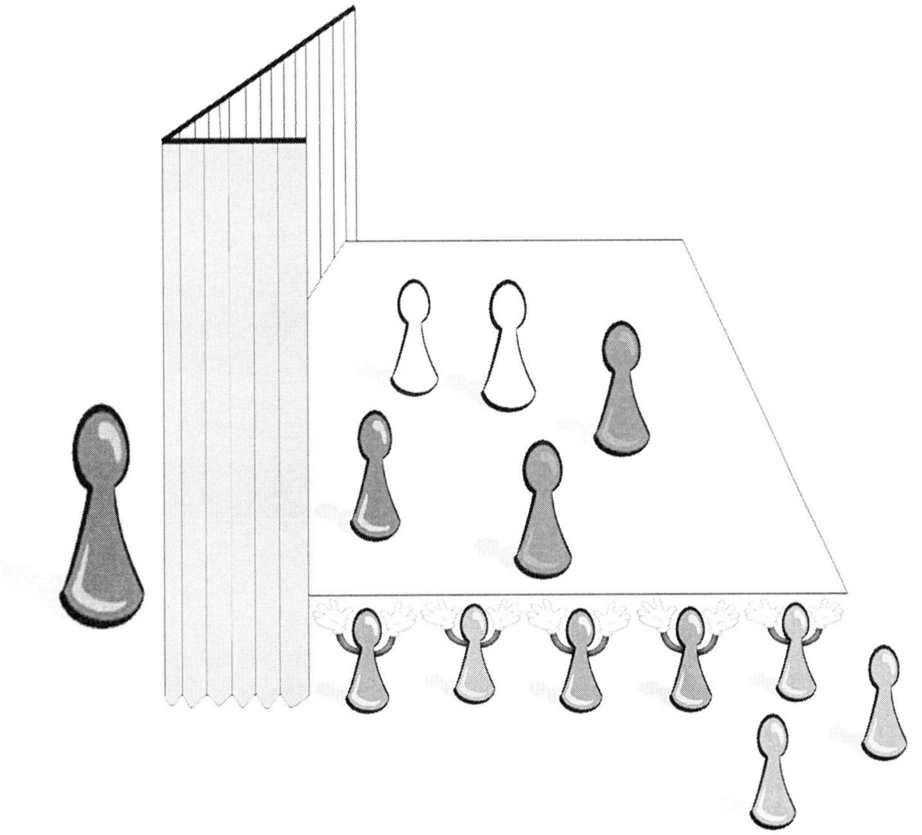

Legende:

blaue Figur	⇨	Lehrer
rote Figuren	⇨	Mobber
lila Figur	⇨	gemobbter Schüler
gelbe Figuren	⇨	Assistenten
graue Figuren	⇨	Zuschauer
grüne Figuren	⇨	„hilfsbereite" Schüler, die sich aber nicht trauen, etwas zu sagen

KOHL VERLAG Mobbing ... die etwas andere Gewalt - Bestell-Nr. 12 038

Reflexionsbogen
No Blame Approach-Experte

7. Anhang

A 6 Reflexionsbogen

Reflexion: Fühlen und Handeln in konkreten Mobbing-Situationen

>> *Diese Übung ist geeignet, um über die eigenen Emotionen und Handlungen im Zusammenhang mit Mobbing-Situationen zu reflektieren.* <<

Bitte denken Sie einmal an eine aktuelle bzw. noch nicht so weit zurückliegende Mobbing-Situation an Ihrer Schule, vielleicht eine in Ihrer Klasse, an eine Situation, mit der Sie persönlich als Lehrer zu tun hatten, in der vielleicht Ihr eigenes Handeln gefordert war und an die Sie sich noch gut erinnern können.

Um welche Situation ging es?

Welche Gefühle/Gedanken hatten Sie gegenüber dem Mobbing-Opfer/n: zum Beispiel Mitleid, Solidarität, Ohnmacht, Hilflosigkeit, Beschützergefühle etc.?

Wie hatten Sie sich gegenüber dem/den Mobbing-Opfer(n) verhalten bzw. welche Maßnahmen hatten Sie ihm gegenüber ergriffen, zum Beispiel Gespräche, Schutzmaßnahmen, andere Personen einbezogen etc.?

Welche Gefühle/Gedanken hatten Sie gegenüber den Tätern: zum Beispiel Zorn, Wut, Resignation, Hilflosigkeit, Angst?

Wie haben Sie sich gegenüber den Tätern konkret verhalten? Haben Sie sie ignoriert? Oder haben Sie interveniert, ihnen gegenüber Maßnahmen ergriffen? Wenn ja, welche?

Haben Sie mit der Gruppe, in der das Mobbing auftrat, etwas unternommen, zum Beispiel Klassengespräche geführt, Mobbing im Unterricht behandelt, andere Präventiv- oder Interventionsmaßnahmen ergriffen?

Waren diese hilfreich? Wenn ja, wieso? Wenn nein, warum nicht?

>> *Wenn der Anlass entsprechend geeignet ist, macht es Sinn, sich im Anschluss an die eigene Reflexion mit einem oder einer kleinen Gruppe von Kollegen auszutauschen.* <<

Schülervorlage

7. Anhang

A 7 Mobbing-Fragebogen

Achtung: Dieser Fragebogen sollte von dem Betroffenen nur bei berechtigtem Verdacht auf Mobbing und möglichst unter Anleitung – ohne Anwesenheit von anderen Schülern ausgefüllt und anschließend im **Vier-Augen-Gespräch** besprochen werden! Der Fragebogen empfiehlt sich vor allem dann, wenn Zweifel bestehen, ob es sich wirklich um Mobbing handelt. Entsprechende Anpassungen der Fragen je nach Jahrgang und Schulform sollten vorgenommen werden.

1	Mehrere Mitschüler verbreiten Gerüchte über dich, auch im Internet.		20P
2	Sie äffen dich nach (Gang, Stimme, Lachen).		20P
3	Sie lachen über dich.		20P
4	Sie verstummen, wenn du den Raum betrittst.		15P
5	Sie grüßen dich nicht.		15P
6	Sie sprechen nicht mehr mit dir.		15P
7	Sie kritisieren dich ständig.		15P
8	Sie schicken dir beleidigende E-Mails, Facebook- und Handynachrichten.		20P
9	Mitschüler, zu denen du früher engeren Kontakt hattest, ziehen sich zurück.		15P
10	Mehrere Mitschüler zwingen dich Dinge zu tun, die dein Selbstbewusstsein verletzen.		20P
11	Du wirst von mehreren Schülern sexuell belästigt (verbal oder tätlich).		20P
12	Dir wird häufig von mehreren MItschülern körperliche Gewalt angedroht.		20P
13	Du wirst öfters geschubst, angerempelt, angefasst, geschlagen, gestoßen.		20P
14	Deine persönlichen Dinge werden beschädigt oder weggenommen (z.B. Schulranzen, Bücher, Mäppchen, Fahrrad, Handy).		20P
15	Mitschüler werden von anderen gegen dich aufgestachelt.		20P
16	Du gehst mit Bauchschmerzen in die Schule.		20P
17	Du warst in letzter Zeit öfter krank.		15P
18	Du gehst nicht mehr gerne in die Schule.		15P
19	Du gehst nicht zu Klassenfesten oder sonstigen freiwilligen Veranstaltungen der Schule.		15P
20	Du hast Angst vor einigen deiner Mitschüler.		20P
	Gesamt:		360P

0 – 50 P.: Diese Schülerin/dieser Schüler wird nicht gemobbt, sondern macht nur hin und wieder schlechte Erfahrungen oder gerät nur gelegentlich mit MitschülerInnen aneinander.

51 – 100 P.: Dieser Schüler/diese Schülerin ist wahrscheinlich in einer schwierigen Situation in der Gruppe, vielleicht auch nicht besonders beliebt; Mobbing ist das aber wahrscheinlich noch nicht. Ein Beratungsgespräch, um zu schauen, woran es liegt, wäre sinnvoll. Im Auge behalten ebenfalls.

101 – 200 P.: Das ist Mobbing in den Anfängen. Wahrscheinlich lässt es sich jetzt mit geeigneten Maßnahmen noch eindämmen. Die Schülerin/der Schüler sollte ein Gespräch mit jemand Kompetentem (Schulsozialarbeiter, Schulpsychologe, Beratungslehrer) führen, um zu überlegen, welche Bewältigungsstrategien hier greifen könnten.

201 – 300 P.: Hier liegt womöglich schon länger Mobbing vor. Es sollte das Gespräch mit dem Gemobbten im Sinne des Unterstützergruppen-Ansatzes geführt werden, um dann anschließend eine Unterstützergruppe zusammenzustellen.

301 – 360 P.: Es liegt extremes Mobbing vor. Die Schülerin/der Schüler braucht dringend Hilfe. Es sollte das Gespräch mit dem Gemobbten im Sinne des Unterstützergruppen-Ansatzes geführt werden, um dann anschließend eine Unterstützergruppe zusammenzustellen.

Kopiervorlage

7. Anhang

A 8 Leitfaden für das Gespräch mit dem Gemobbten

Schritt	Was möchte ich erreichen? Was ist zu beachten?	Wie kann ich es formulieren?
0. Vorbereitung des Gesprächs	*Das Gespräch findet in einem ruhigen, ansprechend gestalteten Raum statt. Die Mitschüler erfahren nichts von dem Gespräch. Bereithalten:* ⇨ Papier und Stifte ⇨ Tempos ⇨ Bonbons ⇨ Karte mit Telefonnummer des Lehrers	
1. Begrüßung/ Vertrauensbildung	*In dieser Phase möchte man das Vertrauen des Schülers erlangen.*	„Schön, dass du meiner Einladung gefolgt bist und bereit bist, mit mir über deine Bewlastung zu reden!“ „Das Gespräch, das wir hier führen, bleibt auf jeden Fall unter uns.“ „Deine Mitschüler erfahren nichts von diesem Gespräch!“
2. Beobachtung mitteilen/ Befindlichkeit erfragen	*Hier sollte nach dem Befinden und nicht vorrangig nach Vorfällen gefragt und ggfs. immer wieder auf das Befinden zurückgekommen werden.*	Ich habe/Soundso hat beobachtet, dass du des öfteren alleine bist/sehr still geworden bist/dass du des öfteren fehlst/dass du traurig wirkst. Habe ich/ haben wir das richtig beobachtet?“ „Kann es sein, dass dich das doch mehr mitnimmt als du zeigen magst?“
3. Einfühlsames Nachfragen/ Ermutigung geben	*Eine emphatische Haltung ist hier wichtig, hilft dem Betroffenen, sich zu öffnen.*	„Ich fasse mal zusammen, was ich verstanden habe.“ „ Mit anderen Worten: .....“ „Verstehe ich das richtig, dass .....?“ „Ach ja, das verstehe ich gut.“
4. Unterstützergruppen-Ansatz erläutern/ Einverständnis einholen	*Der Ansatz sollte hier kurz und prägnant erläutert werden.*	Ich möchte dir eine Vorgehensweise vorstellen, die anderen Schülern, denen Ähnliches passiert ist, sehr geholfen hat. Dann kannst du entscheiden, ob du dich auch darauf einlassen möchtest. Ich möchte es dir einmal kurz erläutern: Wir können eine Unterstützergruppe bilden, d.h. eine Gruppe von Mitschülern einladen, mit der ich gemeinsam Ideen entwickeln werde, wie sich die Situation für dich verbessern kann und wie sich das auch in die Tat umsetzen lässt.

Kopiervorlage

7. Anhang

A 8 Leitfaden für das Gespräch mit dem Gemobbten

Schritt	Was möchte ich erreichen? Was ist zu beachten?	Wie kann ich es formulieren?
		Über Mobbing werden wir nicht sprechen, und es wird auch niemand angeschwärzt. Auch für diese Schüler gilt: Ich werde nichts weitererzählen, und ihnen droht keine Bestrafung." „Kannst du dir das vorstellen?" „Hast du noch Fragen dazu?"
5. Potenzielle Mitglieder der Unterstützungs-gruppe erfragen	Unterstützergruppe zusammenstellen; 6-8 Personen; möglichst paritätisch Täter/zuschauende Klasse	„Dann lass uns mal zusammen überlegen, wer da in Frage käme. Wen hättest du gerne als Unterstützer für dich dabei?" „Mit wem verstehst du dich ganz gut?" „Wer sind diejenigen, die dir Schwierigkeiten machen?" „Wer hilft ihr/ihm, ihnen?" „Gibt es noch andere, die wichtig sind und die du gerne dabei hättest?"
6. Klären, was nicht erzählt werden darf	Hier empfiehlt sich auch ein kurzes Spiegeln, um Missverständnissen vorzubeugen.	„Was sollte ich deiner Meinung nach nicht erzählen?"
7. Befindlichkeit erfragen/ Unterstützung zusichern		„Wie geht es dir jetzt nach dem Gespräch?" „Du kannst mich jederzeit ansprechen, falls du neue Probleme hast, oder wenn du mich über etwas informieren möchtest, aber auch wenn du einfach das Bedürfnis hast, mit mir zu reden!"
8. Termin für Nachgespräch vereinbaren		„Ansonsten machen wir jetzt einen Termin aus, an dem du mir schildern wirst, ob und wie deine Situation sich verändert hat." „Ich schlage den ... vor!" Einverstanden?"
9. Nachtreffen: Situation (Stand der Dinge) erfragen		„Wie geht es dir?" „Hat sich deine Situation verändert? Welche Probleme gibt es noch?"

Kopiervorlage

7. Anhang

A 9 Begleitbogen für das Gespräch mit dem Gemobbten

Begrüßung/Vertrauensbildung

Beobachtung mitteilen/Befindlichkeit erfragen

Ermutigung geben/Einverständnis für Veränderung der Situation einholen

---

Unterstützergruppenansatz erläutern/Einverständnis zur Durchführung einholen

---

Potenzielle Mitglieder der Unterstützergruppe erfragen

Klären, was nicht gesagt werden darf

Befindlichkeit erfragen/Unterstützung zusichern

Termin für Nachgespräch vereinbaren

Nachtreffen: Situation (Stand der Dinge) erfragen

Kopiervorlage

7. Anhang

A 10 Leitfaden für das Gespräch mit der Unterstützergruppe

Schritt	Was möchte ich erreichen? Was ist zu beachten?	Wie kann ich es formulieren?
0. Vorbereitung	Alle Beteiligten werden **gleichzeitig** eingeladen, d.h., der GL holt sich nach vorheriger Absprache mit den Kollegen die Schüler aus dem Unterricht. Das ist ein klares Signal für die Wichtigkeit des Gesprächs. Das Gespräch findet in einem ruhigen, angenehm eingerichteten Raum statt.	
1. Begrüßung	Es geht nur darum, **wie sich der Gemobbte fühlt und nicht um Details von Mobbing; jegliche Schuldzuweisung muss unterbleiben**, da die TN sich ansonsten sperren. Die Mobber ahnen sowieso, um was es geht.	„Schön, dass es mit euch allen geklappt hat! Setzt euch, macht es euch bequem!“
2.Vertraulichkeit zusichern/an Gesprächsregeln erinnern	Die Vertraulichkeit beinhaltet automatisch auch den Schutz vor Strafe. Es kann aber wichtig sein, im weiteren Verlauf des Gespräches diese Zusi-cherung zu wiederholen. Die TN werden an die Einhaltung der Gesprächsregeln erinnert.	„Ich erzähle nichts aus unserem Gespräch weiter.“ „Hier gelten unsere Gesprächsregeln.“
3.Beobachtung mitteilen/ Situation darlegen	Hier wird den TN der Raum gegeben, ihre Sicht der Dinge darzulegen, ihre Befindlichkeit zu äußern. Der GL sollte dies auch spiegeln, um den TN das Gefühl zu vermitteln: „Ich habe auch dich wahrgenommen! Auch du bist mir wichtig!“ Diese Phase ist vonnöten, um die „Unterstützer“ zu erreichen. Sollten hier noch „Baustellen“ auftreten, werden sie angenommen, aber nicht jetzt bearbeitet. Dann lenkt der GL den Blick wieder auf den Gemobbten und fährt fort. Er sollte sich hier **auf keinen Fall auf einen Machtkampf mit den Mobbern einlassen**.	„Ihr habt euch sicher gefragt, warum ich euch eingeladen habe.“ „Ich mache mir seit einiger Zeit etwas Sorgen um .... Es geht ihm gar nicht gut. Er fühlt sich in der Klasse/ Schule nicht mehr wohl.“ „Jeder hat ein Recht, sich in der Klasse wohl zu fühlen.“ „Das gilt für euch, das gilt aber auch für …!“ „Ich habe euch eingeladen, damit wir zusammen überlegen, wie wir seine Situation ändern können.“
Exkurs: „Empathie-Förderung“	*Da es den Mobbern erfahrungsgemäß schwer fällt, sich in das Opfer einzufühlen, kann der GL versuchen, deren Empathiefähigkeit zu wecken, zum Beispiel indem er einen freien Stuhl neben seinen eigenen als Platzhalter für das abwesende Opfer aufstellt.*	„Ich sitze jetzt auf dem Stuhl von … und berichte euch, wie es mir geht.“

KOHL VERLAG Mobbing ... die etwas andere Gewalt - Bestell-Nr. 12 038

Kopiervorlage

7. Anhang

A 10 Leitfaden für das Gespräch mit der Unterstützergruppe

Schritt	Was möchte ich erreichen? Was ist zu beachten?	Wie kann ich es formulieren?
	Der GL setzt sich sodann auf diesen Stuhl und versetzt sich in dessen Gefühlslage und versucht diese zu beschreiben. Oder er bittet einzelne TN zu vesuchen, sich stellvertretend für das abwesende Mobbingopfer in dessen Rolle zu versetzen. Der jeweilige TN kann sich dabei – wie beim Perspektivwechsel in der Mediation – auf den Stuhl des Opfers setzen. Dies kann natürlich nur **freiwillig** *geschehen.*	„Stelle dir vor, du bist … . Schließe die Augen und versuche dich in … hineinzuversetzen!" „Schau dir an, was du in der Klasse erlebst, und sage uns, wie du dich fühlst!"
4. Sammlung von Ideen und Vorschlägen	*Es handelt sich hier um ein Brainstorming. Es sollte dabei darauf geachtet werden, dass nicht nur die vermuteten „Helfer", sondern vor allem auch die Mobber Vorschläge machen. Hierzu nimmt sich jeder Stift und Papier (s. Kopiervorlage Zettel).*	„Wir wollen uns nun Gedanken machen, wie wir ...helfen können." „Dazu schlage ich euch vor, dass sich jeder zunächst einmal einige Ideen überlegt, die wir uns gegenseitig mitteilen." „Jeder mache sich bitte Notizen, was euch dazu einfällt, was er persönlich beitragen könnte." „Welche Ideen/Vorschläge habt ihr, damit … geholfen werden kann?" (Pause) „Bitte, lest eure Vorschläge nun vor und legt sie in die Mitte!"
5. Übergabe der Verantwortung/ Dank an die Gruppenmitglieder für ihre Mitarbeit	Der Schwerpunkt liegt auf der Helferrolle der TN und darauf, ihnen die Verantwortung zu übergeben, aber auch darauf, sich für die Mitarbeit zu bedanken, sodass sie sich geschätzt fühlen und mit einem positiven Ausblick gehen können.	„Na, das sind ja tolle Vorschläge!" „Ich wusste, dass ich mich an die Richtigen gewendet habe." Formuliert bitte jetzt jeder von euch, was er von den Vorschlägen umsetzen möchte." „In zwei Wochen treffe ich mich einzeln mit jedem von euch, um zu hören, was sich bis dahin ergeben hat." „Ich danke euch für eure Mitarbeit."
6. Einzeltreffen mit den Gruppenmitgliedern	Auch hier liegt der Schwerpunkt auf dem Positiven, dem, was schon gelungen ist. Falls das Problem nicht gelöst ist, muss die Frage lauten: „Was fehlt denn noch?"	„Wie geht es dir?" „Konntest du tun, was du dir vorgenommen hattest?" „Was nimmst du als Erfahrung für dich selbst mit?" „Was wirst du weiterhin tun?" „Finde ich ja super, dass es schon Fortschritte gibt. Weiter so!"
Zweites Treffen Unterstützergruppe (falls nötig)	Manchmal ist ein zweites treffen unumgänglich, da das Problem noch nicht gelöst ist.	„Was fehlt denn noch?" „Was haben wir übersehen?" „Was könnten wir sonst noch tun?" „Ich denke, ihr schafft das!"

Kopiervorlage

7. Anhang

A 11 Begleitbogen für das Gespräch mit der Unterstützergruppe

Begrüßung

____

____

Vertraulichkeit zusichern/an Gesprächsregeln erinnern

____

____

Beobachtung mitteilen/Situation darlegen

____

____

Sammlung von Ideen und Vorschlägen

____

____

Übergabe der Verantwortung/Dank an die Gruppenmitglieder für ihre Mitarbeit

____

____

Einzeltreffen mit den Gruppenmitgliedern

____

____

Schülervorlage

7. Anhang

A 12 Blankovorlage für die Hilfsangebote der Mitglieder der Unterstützergruppe

B Praktischer Teil

Kopiervorlage

7. Anhang

A 13 Begleitbogen Fallbeispiele

Schulische Situation

Schule: ______________________________
Leistungen: ______________________________
Verhalten: ______________________________
Mitschüler: ______________________________
Lehrer: ______________________________

Häusliche Situation

Eltern: ______________________________
Geschwister: ______________________________
____
____
____

Mobbing

⇨ ______________________________
⇨ ______________________________
⇨ ______________________________
⇨ ______________________________

„No Blame Approach“

⇨ ______________________________
⇨ ______________________________
⇨ ______________________________
⇨ ______________________________

Reflexion

⇨ ______________________________
⇨ ______________________________
⇨ ______________________________
⇨ ______________________________

KOHL VERLAG
Mobbing … die etwas andere Gewalt - Bestell-Nr. 12 038

8. Literatur/Quellen

Alsaker, Francoise D.:
Quälgeister und ihre Opfer. Mobbing unter Kindern – und wie man damit umgeht. Bern-Göttingen-Toronto-Seattle 2003

Bildungsportal des Ministeriums für Schule und Weiterbildung NRW:
Beschulung von Geflüchteten. Düsseldorf 2016

Blum, H. und Beck, D.:
No Blame Approach. Köln 2010

Boie, K.:
Nicht Chicago. Nicht hier. Hamburg1999

Bush, R. A. B. und Folger, J.P.:
The Promise of Mediation. Responding to Conflict through Empowerment and Recognition. San Francisco 1994

Caesar, Dr. V.:
Verbreitung, Umsetzungspraxis und Wirksamkeit von Peer Mediation im Kontext schulischer Gewaltprävention. Köln 2003

Caesar, Dr. V.:
Peer Mediation – Probleme und Perspektiven. System Schule, 2/2001, S. 44-49. Dortmund 2001

Caesar, Dr. V.:
Konfliktbüro Oberstufe. Spektrum der Mediation. 2005, S. 33-36. Berlin 2005

Cohn, R.:
Von der Psychoanalyse zur Themenzentrierten Interaktion. Stuttgart 1975

Dambach, K. E.:
Mobbing in der Schulklasse. München 2002

Fietkau, H. J.:
Psychologie der Mediation. Berlin 2000

Franz, H.W. und Kopp, R.:
Kollegiale Fallberatung. Bergisch-Gladbach 2003

Gebauer, K.:
Mobbing in der Schule. Düsseldorf 2005

Georg, J.:
Warum seid ihr nur so gemein! Holzgerlingen 2006

Gerlach, N.:
Mobbing – ein Praxis – und Methodenhandbuch. Schwerte 2007

Gordon, T.:
Teacher Effectiveness Training. New York 1974

Hamacher, S.:
Tatort Schule. Hamburg 2010

Kasper, H.:
Streber, Petzer, Sündenböcke. Wege aus dem täglichen Elend des Schülermobbings. Lichtenau 2003

Kasper, H.:
Schülermobbing – tun wir was dagegen! Lichtenau 2006

Kindler, W.:
Gegen Mobbing und Gewalt. Seelze - Velber 2002

Landesstelle Jugendschutz Niedersachsen:
Cyber-Mobbing. Medienkompetenz trifft Gewaltprävention. Hannover 2010

Leymann, H.:
Mobbing. Psychoterror am Arbeitsplatz und wie man sich dagegen wehren kann. Reinbek 1993

Leymann, H.:
Mobbing. Reinbek 1993

Lorenz, K.:
Das sogenannte Böse. Zur Naturgeschichte der Aggression. Wien 1963

Maines, B. und Robinson, G.:
Don´t beat the bullies. In: Educational Psychology in Practice: theory, research and practice in educational psychology, Volume 7, Issue 3. London 1991

Maslow, A.:
Motivation and Personality. New York 1954

Medienprojekt Wuppertal:
Du bist schlimm – Mobbing in der Schule, Film und Handreichung. Wuppertal 2003

Ministerium für Kultus, Jugend und Sport Baden-Würtemberg:
Handreichung zum Thema „Flüchtlingskinder und jugendliche Flüchtlinge in der Schule". 2015

Neuberger, O.:
Mobbing. München und Mering 1999

Niedl, K.:
Mobbying/Bullying am Arbeitsplatz in: Zeitschrift für Personalforschung / German Journal of Research in Human Resource Management. London 1995

Niespo, D.:
Ohne Gewalt geht`s besser! Kempen 2009

Olweus, D.:
Gewalt in der Schule. Bern 1996

Pikas, A.:
Rationale Konfliktlösung. Stockholm 1974

Redl, F. und Wineman, D.:
Children Who Hate. Glencoe/Ill. Illinois 1951

Redl, F. und Wineman, D.:
Controls From Within. Glencoe/Ill. Illinois 1952

Robinson, G. und Maines, B.:
Crying for Help - the No Blame Approach to Bullying. Bristol 1997

Robinson, G. und Maines, B.:
Bullying - A Complete Guide to The Support Group Method. London 2008

Rogers, C.R.:
Entwicklung der Persönlichkeit. Stuttgart 1976

Rogers, C. R.:
Die klientenzentrierte Gesprächspsychotherapie. Frankfurt 1993

Rosenberg, M.B.:
Gewaltfreie Kommunikation. Aufrichtig und einfühlsam miteinander sprechen. Paderborn 2002

Scheithauer, H. et al.:
Bullying unter Schülern. Göttingen 2003

Senatsverwaltung Berlin für Bildung, Jugend und Wissenschaft:
Leitfaden zur Integration von neu zugewanderten Kindern und Jugendlichen in die Kindertagesförderung und die Schule. Berlin 2016

Teuschel, P.:
Mobbing – Dynamik – Verlauf – gesundheitliche und soziale Folgen. Stuttgart 2010

Unicef:
Konvention über die Rechte des Kindes. Köln 1989